글씨를 바르고 아름답게 쓰려면

내일의 보다 더 좋은 사회 생활에 대비하기 위해서는 거기에 필요한 여러 가지 기능을 사전에 닦아 놓지 않으면 안 됩니다. 그 중에서도 문장을 읽고 쓰는 기능은 무엇보다 중요합니다. 또한, 현재 사회 생활을 하고 있는 사람도 자기의 글씨체가 나빠 고민하고 있는 사람이 상당수에 이르는데 이런 분들도 빨리 글씨 공부를 다시 시작하는 것이 좋으리라 생각됩니다.

글씨는 그것을 쓰는 사람의 인격과 교양을 나타낸다고 합니다. 따라서, 글씨 쓰기는 인간 생활에서 대단히 중요한데, 글씨를 단정하게 쓴다는 것은 단시일의 연습만으로 이루어지는 것이 아닙니다. 평소에 꾸준한 노력으로 하루도 빠짐없이, 하루에 적어도 20～30분 정도 연습해야 하며, 또한 반복 연습이 필요합니다.

이 책은 글씨를 바르고 아름답게 쓰려고 하는 사람들이 가장 능률적으로 학습할 수 있도록 엮었으므로 좋은 길잡이가 되리라 기대하며, 아울러 많은 성원을 바라 마지 않습니다.

□ 이 책의 특색 □

전체를 정자편, 흘림자편, 실용편으로 나누었습니다.

정 자 편 … 기본 점획, 홑소리 및 닿소리글자 쓰기, 글자꾸미기 등의 기초를 충분히 설명하였고, 연습편에서는 기본 글자와 문장의 분량을 많이 두어 충분한 연습을 할 수 있도록 하였습니다.

흘림자편 … 흘림자의 기본, 홑소리 및 닿소리글자 쓰기 등의 기초와, 기본 글자와 문장의 연습편 순으로 배열하였습니다.

실 용 편 … 일상 생활에 꼭 필요한 서식을 다양하게 엮어 실무에 잘 활용할 수 있도록 하였습니다.

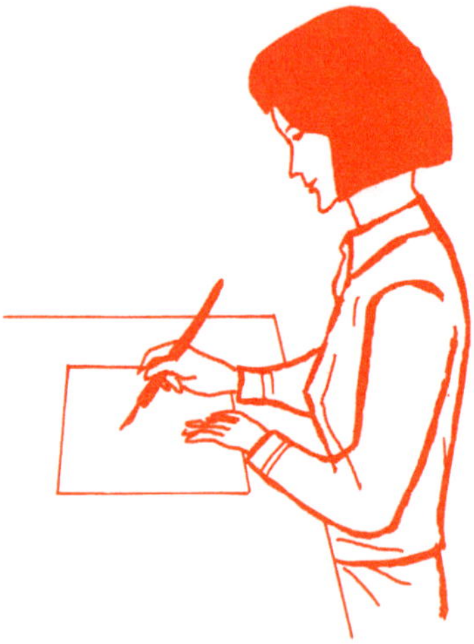

〈바른 자세〉

1. 바른 자세

글씨를 단정하게 쓰려면 마음가짐이 중요합니다. 먼저 마음의 긴장을 풀고 안정을 취하되, 의욕을 갖고 다음과 같이 바른 자세를 취합시다.

① 의자에 앉아 쓰는 경우

○ 의자를 책상과 평행이 되도록 놓고 앉습니다.

○ 책상의 앞면과 상체와의 간격은 주먹이 들어갈 정도로 띄웁니다.

○ 양다리는 어느 정도 벌려서 발바닥은 바닥에 붙이고, 등뼈를 곧게 펴서 상체를 세웁니다.

○ 머리는 약간 앞으로 숙여서 눈과 종이와의 거리를 30㎝ 정도 유지합니다.

② 방바닥에 앉아 쓰는 경우

○ 의자에 앉는 것과 같은 위치에 앉되, 무릎은 책상 밑에 넣고 꿇어앉거나 도사리고 앉습니다.

○ 허리를 펴고 하체에 중심을 둡니다.

○ 책상에 배가 닿지 않을 정도로 상체를 앞으로 숙이고 씁니다.

2. 펜대 잡는 법

펜대를 너무 힘주어 잡으면 펜을 자연스럽게 움직일 수 없으므로 어깨와 손에 힘을 주지 않은 것을 원칙으로 합니다.

○ 보통은 연필을 잡는 법과 같이 하되, 펜촉 끝에서 1~1.5㎝ 정도 위를 가볍게 잡습니다.

○ 집게손가락과 가운데손가락과 엄지손가락 끝으로 펜대를 가볍게 쥐고 약손가락의 손톱부리로 펜대를 받치고, 새끼손가락으로 전체를 자연스럽게 받칩니다.

○ 펜대의 경사는 몸쪽으로 45~50°, 오른쪽으로 30° 정도 기울입니다.

○ 손목은 가볍게 책상을 스칠 정도로 놓습니다.

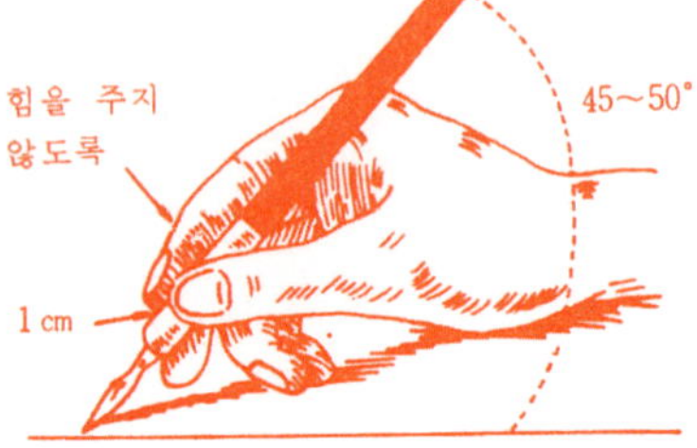

〈펜대 잡는 법〉

3. 용구의 선택

① 펜촉

필기용으로 쓰이는 펜촉에는 G펜, 스푼펜. 스쿨펜. 활콘펜 등이 있는데, 이 중에서 스푼펜의 촉끝이 좀 둥글어 종이에 잘 걸리지 않으므로 가장 흔히 쓰입니다.

② 잉크

희미한 색깔보다는 진한 색깔이 좋은데, 검정색이 감도는 짙은 청색이 제일 적당합니다. 검정색은 정중한 느낌이 들고 청색은 화사한 느낌이 감돕니다.

③ 종이

펜촉이 종이에 걸리지 않고 잉크가 번지지 않는, 단단하고 매끄러운 종이가 좋습니다.

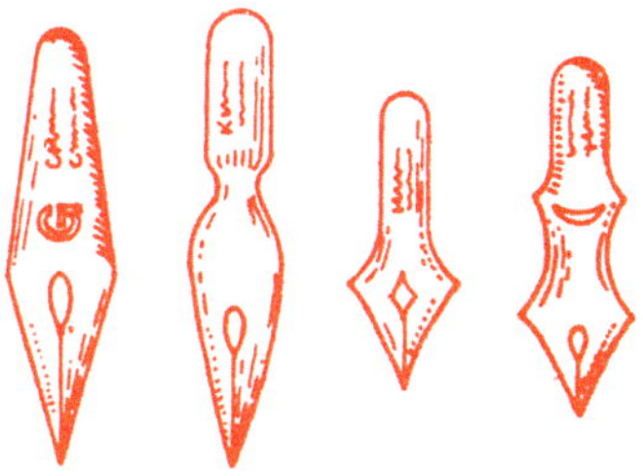

G펜 스푼펜 스쿨펜 활콘펜

〈펜촉의 종류〉

4. 연습 요령

글씨쓰기의 연습은 많이 써 보는 것이 가장 바람직합니다. 모범 글씨체를 보고 획의 길이와 방향, 그리고 글자의 모양을 잘 관찰하여 처음에는 모방하는 것으로부터 시작합시다.

○ 기초를 튼튼히 합시다…펜을 움직여 쓰는 기초적인 기술과 글자의 모양을 만드는 글자꾸미기(결구법) 등을 충분히 습득하여 글자의 상하 좌우의 균형을 잘 잡도록 합시다.

○ 순서에 따라 단계적으로 연습합시다…한글은 먼저 정자를 익힌 다음에 흘림자를 익힙시다. 또 정자라면 먼저 그 기초부터 익히고 글자 연습에 들어갑시다. 이 책에서는 모든 것을 학습에 편리하도록 순서대로 편집해 두었으므로 이 책의 순서대로만 학습한다면 이 문제는 자연히 해결됩니다.

○ 좋은 글씨체를 모범으로 삼읍시다…좋지 못한 글씨체는 아무리 그것을 열심히 연습해 보아도 소용 없읍니다. 따라서 모범 글씨체의 선택이 중요합니다. 모범 글씨체를 익혀서 어느 정도의 수준이 되면 비로서 자기자신의 개성적인 글씨체가 자연스럽게 개발됩니다.

○ 좋은 글씨체를 많이 감상합시다…자기의 글씨와 다른 사람의 글씨를 비교해 봄으로써 자기 글씨의 단점을 발견하게 되고, 이것이 계기가 되어 더 도약해 보려는 의욕이 생기고 노력하게 되는 것입니다.

○ 되풀이 연습합시다…하나의 글자는 한 번의 연습으로 습득되는 것이 아닙니다. 어떤 하나의 글자를 일시에 여러 번 쓰고, 추후에 다시 그 글자를 보지 않고 써 보는 반복 연습이 필요합니다.

○ 일정한 양식의 서식을 익혀 둡시다…서류는 대개 일정한 양식이 있고, 편지에도 일정한 격식이 있읍니다. 이 책의 실용편을 충분히 활용하기 바랍니다.

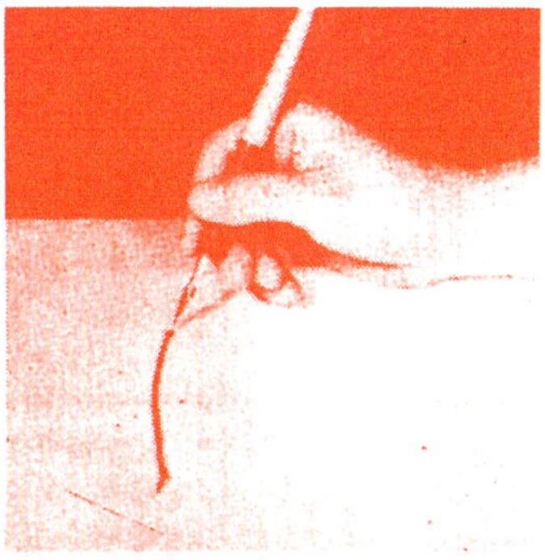

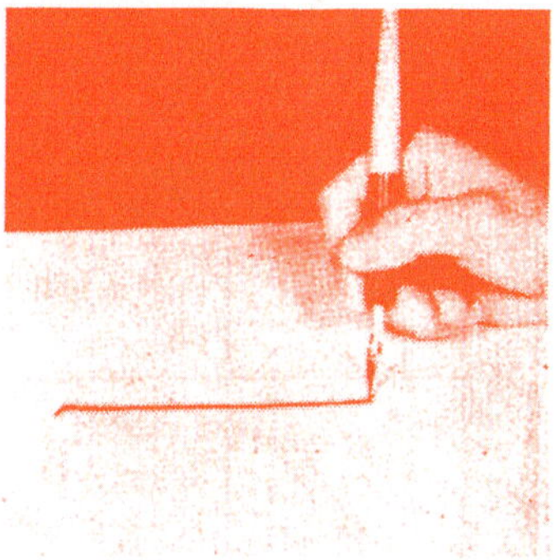

〈펜글씨 연습〉

1. 정 자 편

(1) 기본 점획

한글은 점과 획으로 구성되어 있습니다. 점을 찍는 법, 획을 삐치거나 굽히는 법 등이 느슨하면 글씨의 매듭이 없어집니다. 점과 획의 기본을 잘 익히는 것이 펜글씨의 첫 걸음입니다.

점		비스듬히 내리긋고 끝에 힘을 넣되, 가운데를 약간 낮은 기분으로 함					차
		비스듬히 오른쪽 아래로 힘을 넣음					
		바로 옆으로 그음					
가로획		짧게 옆으로 긋되 가운데를 낮게 함					프
		옆으로 굴곡없이 곧게 그음					
		가운데를 높게 하되 처음과 끝은 힘을 넣어 누름					
세로획		왼쪽 획은 멈췄다가 곧게 밑으로 긋고 가볍게 멈추고, 오른쪽 획은 멈췄다가 내리긋고 조용히 펜을 듬.					뷁
		왼쪽 획은 약간 안쪽으로 굽혀 짧게, 오른쪽 획은 멈췄다가 아래로 내리 그어 멈춤					
		처음에는 멈췄다가 비스듬히 삐침					

꺾어내림획	처음에는 멈췄다가 오른쪽으로 긋고, 다시 멈췄다가 밑으로 곧게 내리 그음	갉
	멈췄다가 오른쪽 아래로 약간 둥글게 긋고, 왼쪽 아래로 비스듬히 그음	
	멈췄다가 오른쪽으로 긋고, 밑으로 그음	
삐침획	멈췄다가 왼쪽 아래로 삐침	졌
	멈췄다가 왼쪽 아래로 부드럽게 내리그음	
	멈췄다가 오른쪽으로 긋고 모를 지어서 왼쪽 아래로 삐침	
굽힘획	부드럽게 내리 그어서 오른쪽으로 부드럽게 굽힘	난
	곧게 내리 그었다가 굽혀서 오른쪽 위로 삐침	
치킴획	멈췄다가 오른쪽으로 비스듬히 삐침	뵈

(2) 홀소리글자 쓰기

한글의 홀소리글자에는 "ㅏ, ㅓ, ㅗ, ㅜ, ㅡ, ㅣ, ㅐ, ㅔ, ㅚ" 등 9개의 홑홀소리 글자와 "ㅑ, ㅕ, ㅛ, ㅠ, ㅒ, ㅖ, ㅘ, ㅝ, ㅢ, ㅞ, ㅟ, ㅙ" 등 12개의 겹홀소리글자가 있습니다.

ㅏ	ㅑ	ㅓ	ㅕ	ㅗ
점은 "ㅣ"의 중심부 약간 아래에서 수평 방향으로	두 점은 "ㅣ"의 3등분 위치 아래에 찍되 끝은 반대 방향	점은 "ㅣ"의 2등분 위치 아래에서 위로 올라가듯 찍음	"ㅑ"와 같이 "ㅣ"를 3등분하는 위치 아래에 점을 찍음	점은 가로획의 중심에서 약간 오른쪽에 찍음
ㅏ ㅏ	ㅑ ㅑ	ㅓ ㅓ	ㅕ ㅕ	ㅗ ㅗ

ㅛ	ㅜ	ㅠ	ㅡ	ㅣ
두 점은 가로획 중심에서 같은 위치에 찍되 왼 점을 약간 짧게	세로획은 가로획의 오른쪽 3분의 1위치에서 내리 그음	"ㅛ"와 같은 요령으로 하되 세로획의 방향에 주의	처음 시작 때 힘을 주고 마지막에는 가볍게 눌렀다 뗀다.	"ㅡ"와 같이 처음은 힘을 주고 마지막에는 가볍게 뗀다.
ㅛ ㅛ	ㅜ ㅜ	ㅠ ㅠ	ㅡ ㅡ	ㅣ ㅣ

이러한 홀소리글자를 쓸 때는 세로획은 수직으로 곧게 내려 긋고, 가로획은 거의 수평으로 긋되 오른쪽을 약간 높이는 기분으로 씁니다. 또한, 점을 찍는 위치와 방향에도 유의해야 합니다. 홀소리글자 하나하나를 면밀히 관찰하여 손에 익히도록 합시다.

ㅐ	ㅔ	ㅚ	ㅒ	ㅖ
왼쪽 세로획은 짧게, 점은 중간부에 위치	점은 세로획의 중간에 위치	"ㅗ"의 윗부분이 "ㅣ"의 중심과 수평이 되도록	두 점은 세로획의 3등분 위치에	두 점은 세로획의 3등분 지점에 위치
ㅐ ㅐ	ㅔ ㅔ	ㅚ ㅚ	ㅒ ㅒ	ㅖ ㅖ

ㅘ	ㅝ	ㅓ	ㅞ	ㅟ
"ㅏ"의 점은 "ㅗ"의 가로획보다 약간 아래에 찍음	"ㅓ"의 점은 "ㅜ" 의 가로획 아래에 찍음	가로획은 세로획의 2등분 수평선상에서 시작하여 약간 위로	"ㅜ"와 "ㅔ"가 붙지 않도록 주의	"ㅜ"의 세로획은 가로획의 중심에서 시작
ㅘ ㅘ	ㅝ ㅝ	ㅓ ㅓ	ㅞ ㅞ	ㅟ ㅟ

(3) 닿소리글자 쓰기

① 홑닿소리글자

한글의 닿소리글자에는 "ㄱ, ㄴ, ㄷ, ㄹ, ㅁ, ㅂ, ㅅ, ㅇ, ㅈ, ㅊ, ㅋ, ㅌ, ㅍ, ㅎ" 등 14개의 홑닿소리글자가 있습니다. 그런데, 같은 닿소리라도 연결되는 홀소리의 종류에

ㄱ (모를 죽임)	ㄱ	ㄴ (약간 처듬, 모를 죽임)	ㄴ	ㄷ (모를 죽임, 윗획보다 길지 않게)
"ㅗ, ㅛ, ㅜ, ㅠ, ㅡ" 와 받침에 씀	"ㅏ, ㅑ, ㅓ, ㅕ, ㅣ" 에 붙여 씀	"ㅗ, ㅛ, ㅜ, ㅠ, ㅡ" 와 받침에 씀	"ㅏ, ㅑ, ㅓ, ㅕ, ㅣ" 에 붙여 쓰되 "ㅓ, ㅕ" 에는 삐침을 조금 짧게	"ㅗ, ㅛ, ㅜ, ㅠ, ㅡ" 와 받침에 씀

ㄷ	ㄹ	ㄹ	ㅁ	ㅂ
"ㅏ, ㅑ, ㅓ, ㅕ, ㅣ" 에 붙여 쓰되 "ㅓ, ㅕ" 에는 삐침을 조금 짧게	"ㅗ, ㅛ, ㅜ, ㅠ, ㅡ" 와 받침에 씀	"ㅏ, ㅑ, ㅓ, ㅕ, ㅣ" 에 붙여 쓰되 "ㅓ, ㅕ" 에는 삐침을 조금 짧게	홀소리 모두와 받침에 씀	홀소리 모두와 받침에 씀

따라, 그리고 받침의 유무에 따라 그 모양이 달라지는 것이 있습니다. 예를 들면 "ㄱ, ㄴ, ㄷ, ㄹ, ㅅ, ㅈ, ㅊ, ㅋ, ㅌ, ㅍ"은 모양이 달라지고 "ㅁ, ㅂ, ㅇ, ㅎ"은 모양에 변화가 없습니다. 이 점에 유의하여 연습합시다.

ㅅ 힘을 줌	ㅅ 힘을 줌	ㅇ 두 번으로 씀 받침에는 한번에 쓰기도 함	ㅈ 힘을 줌	ㅈ 힘을 줌
"ㅏ, ㅑ, ㅗ, ㅛ, ㅜ, ㅠ, ㅡ, ㅣ"와 받침에 씀	"ㅓ, ㅕ"에 붙여 씀	홀소리 모두와 받침에 씀	"ㅏ, ㅑ, ㅗ, ㅛ, ㅜ, ㅠ, ㅡ, ㅣ"와 받침에 씀	"ㅓ, ㅕ"에 붙여 씀
ㅅ ㅅ	ㅅ ㅅ	ㅇ ㅇ	ㅈ ㅈ	ㅈ ㅈ

ㅊ 힘을 줌	ㅊ 힘을 줌	ㅋ 방향 주의	ㅋ 방향 주의	ㅌ
"ㅏ, ㅑ, ㅗ, ㅛ, ㅜ, ㅠ, ㅡ, ㅣ"와 받침에 씀	"ㅓ, ㅕ"에 붙여 씀	"ㅗ, ㅛ, ㅜ, ㅠ, ㅡ"와 받침에 씀	"ㅏ, ㅑ, ㅓ, ㅕ, ㅣ"에 붙여 씀	"ㅗ, ㅛ, ㅜ, ㅠ, ㅡ"와 받침에 씀
ㅊ ㅊ	ㅊ ㅊ	ㅋ ㅋ	ㅋ ㅋ	ㅌ ㅌ

ㅌ	ㅍ	ㅍ	ㅎ	타
"ㅏ, ㅑ, ㅓ, ㅕ, ㅣ" 에 붙여 쓰되 "ㅓ, ㅕ" 에는 삐침을 조금 짧게	"ㅗ, ㅛ, ㅜ, ㅠ, ㅡ" 와 받침에 씀	"ㅏ, ㅑ, ㅓ, ㅕ, ㅣ" 에 붙여 씀	홀소리 모두와 받침에 씀	포
ㅌ ㅌ	ㅍ ㅍ	ㅍ ㅍ	ㅎ ㅎ	후

② 겹닿소리글자

겹닿소리글자에는 " ㄲ, ㄸ, ㅃ, ㅆ, ㅉ" 등 5개가 있습니다. 이것 역시 "ㅃ" 을 제외하고는 연결되는 홀소리의 종류와 받침의 유무에 따라 그 모양이 달라집니다.

ㄲ	"ㅗ, ㅛ, ㅜ, ㅠ, ㅡ" 와 받침에 씀	ㄲ ㄲ				꼴
ㄲ	"ㅏ, ㅑ, ㅓ, ㅕ, ㅣ" 에 붙여 씀	ㄲ ㄲ				까
ㄸ	"ㅗ, ㅛ, ㅜ, ㅠ, ㅡ" 와 받침에 씀	ㄸ ㄸ				또

ㄸ	"ㅏ, ㅑ, ㅓ, ㅕ, ㅣ" 에 붙여 쓰되 "ㅓ, ㅕ" 에는 삐침을 조금 짧게	ㄸ ㄸ				떠
ㅃ	홀소리 모두와 받침에 씀	ㅃ ㅃ				뽀
ㅆ	"ㅏ, ㅑ, ㅗ, ㅛ, ㅜ, ㅠ, ㅡ"와 받침에 씀	ㅆ ㅆ				싸
ㅆ	"ㅓ, ㅕ"에 붙여 씀	ㅆ ㅆ				써
ㅉ	"ㅏ, ㅑ, ㅗ, ㅛ, ㅜ, ㅠ, ㅡ, ㅣ"와 받침에 씀	ㅉ ㅉ				짜

③ 쌍받침글자

한글에는 "ㄲ, ㄳ, ㄵ, ㄶ, ㄺ, ㄻ, ㄼ, ㄽ, ㄾ, ㄿ, ㅀ, ㅄ, ㅆ" 등 13개의 쌍받침글자가 있습니다. 이들은 닿소리 2개가 잇닿아 있으므로 그 크기와 간격에 특히 유의해야 합니다.

ㄳ	"ㄱ"과 "ㅅ"의 크기가 같도록	ㄳ ㄳ				몫

ㄵ	“ㄴ”의 윗부분을 “ㅈ”의 윗부분보다 약간 낮게	ㄵ ㄵ				앉
ㄶ	“ㄴ”의 윗부분을 “ㅎ”의 윗부분보다 약간 낮게	ㄶ ㄶ				많
ㄺ	“ㄹ”과 “ㄱ”의 윗부분이 수평선상에 오도록 가지런히	ㄺ ㄺ				닭
ㄼ	“ㄹ”과 “ㅂ”의 밑부분이 수평선상에 오도록 가지런히	ㄼ ㄼ				밟
ㄾ	“ㄹ”과 “ㅌ”의 크기가 같도록	ㄾ ㄾ				핥
ㅀ	“ㄹ”과 “ㅎ”의 밑부분이 수평선상에 오도록 가지런히	ㅀ ㅀ				훓
ㅄ	“ㅂ”의 밑부분이 “ㅅ”의 밑부분보다 약간 높게	ㅄ ㅄ				값

(4) 글자꾸미기 I

한글은 글자 하나하나에 독특한 모양이 있습니다. 여기에 그 모양의 대략을 크게 몇 가지로 분류하여 두었으니 연습시 참고하기 바랍니다.

삼각형		정사각형		마름모형	
스		쾌		뷰	
조	대	왜	돼	유	슈
호	채	뤄	훼	둘	숲

직사각형		왼쪽凸형		원형	
넋		땀		륜	
앉	엷	업	날	망	용
했	삶	견	색	량	상

글자꾸미기 Ⅱ

한글쓰기에서는 대략적은 모양과 동시에 글자의 사이나누기, 획의 반복, 중심잡기 등도 대단히 중요합니다. 이러한 것들이 종합적으로 조화를 이루어야 아름다운 글자가 됩니다.

이러한 글자꾸미기에는 어느 한 글자의 닿소리와 홀소리의 간격, 점의 위치, 가로 세로의 사이간격, 닿소리 또는 홀소리의 폭과 높이, 받침의 위치와 크기, 윗몸과 받침의 간격 등에 유의하여 연습하기 바랍니다.

다	가	나	라	마	바	사
"ㅏ"의 점은 밑에서 3분의 1 지점에 찍되 닿소리의 밑부분과 같은 수편선상에						
뱌	야	쟈	챠	캬	탸	퍄
"ㅑ"의 점은 3등분하는 기분으로 찍고, 닿소리의 중간 점이 "ㅑ"의 중앙선상에 위치						
어	허	거	너	더	러	머
"ㅓ"의 점은 닿소리의 중심부에서 약간 올리듯이 찍되 홀소리의 2등분 지점에 위치						
셔	벼	여	져	쳐	켜	텨
"ㅕ"의 두 점은 "ㅣ"를 3 등분하듯이 찍되, 닿소리의 중심을 통하는 같은 거리에 위치						
조	포	호	고	노	도	로
"ㅗ"의 점은 가로획의 중심에서 약간 오른쪽에						

왜 글자 전체의 가로 간격을 3등분 되도록 간격을 고르게	톼	과	놔	솨	촤	화
빠 글자 전체의 가로 간격이 4등분 되도록 쓰되 "ㅂ"을 좁고 길게	뺘	뻐	뼈	빼	뻬	삐
를 글자 전체의 세로 간격을 6등분 되도록 간격을 고르게	를	릅	틉	틀	홀	흘
듣 글자 전체의 세로 간격을 4등분 되도록 고르게	늠	듬	믄	믕	등	능
수 "ㅜ"의 세로획은 닿소리의 오른편에 수직을 맞춤	부	구	누	두	루	무
뷰 "ㅠ"의 세째획을 "ㅂ"의 긴 세로획에 맞추어 내리긋고, 획의 길이와 방향에 유의	퓨	류	뮤	유	튜	휴

슾 아래위 두 닿소리의 폭을 맞춤	긍	늘	두	른	믄	블
증 닿소리와 홀소리의 중심을 맞춤	능	긎	믕	읓	듯	흘
강 중심을 잘 잡아서 한쪽으로 기울지 않도록	생	응	정	층	킁	틍
으 “ㅇ”과 “ㅡ” 사이에 알맞은 간격	르	브	프	흐	느	드
에 가로의 간격을 고르게 하고 “ㅇ”의 중심부가 “ㅔ”의 중앙에 위치	레	메	베	세	제	체
표 점과 획의 길이에 유의	든	를	믐	계	예	교

가	거	고	교	구	규	그	기	게	계
가	거	고	교	구	규	그	기	게	계
과	끄	값	겠	곤	귾	김	껴	꽂	꿩
과	끄	값	겠	곤	귾	김	껴	꽂	꿩

꿩

나	냐	너	녀	노	누	느	니	놔	눠
나	냐	너	녀	노	누	느	니	놔	눠
늬	낡	낭	낮	능	늡	늦	녘	냄	넛
늬	낡	낭	낮	능	늡	늦	녘	냄	넛

넷

다	더	도	두	드	디	데	되	또	띠
다	더	도	두	드	디	데	되	또	띠

뛰	닭	덕	돐	듯	땅	떫	뚫	뜰	땜
뛰	닭	덕	돐	듯	땅	떫	뚫	뜰	땜

땜

라	러	로	료	루	류	르	리	력	릇
라	러	로	료	루	류	르	리	력	릇
마	머	모	무	미	많	몇	뭇	물	민
마	머	모	무	미	많	몇	뭇	물	민

민

바	버	보	부	브	비	봐	뼈	쁘	뻬
바	버	보	부	브	비	봐	뼈	쁘	뻬

밟	벗	복	붉	빛	밴	번	빵	뽑	뺄
밟	벗	복	붉	빛	밴	번	빵	뽑	뺄

뽑

사	서	소	수	스	시	세	쉬	써	쓰
사	서	소	수	스	시	세	쉬	써	쓰
씨	삶	송	숯	습	싫	샘	쌍	쏜	쑥
씨	삶	송	숯	습	싫	샘	쌍	쏜	쑥

쑥

아	야	어	여	오	요	우	유	으	이
아	야	어	여	오	요	우	유	으	이
에	와	위	의	않	없	읊	있	옛	원
에	와	위	의	않	없	읊	있	옛	원
									원

자	저	조	주	즈	지	재	제	죄	쩌
자	저	조	주	즈	지	재	제	죄	쩌
쭈	잣	젊	줏	죽	즘	잰	잘	쫏	쨍
쭈	잣	젊	줏	죽	즘	잰	잘	쫏	쨍
								쨍	

차	처	초	추	츠	치	체	참	층	침
차	처	초	추	츠	치	체	참	층	침
카	커	코	쿠	크	키	캐	칸	콩	큼
카	커	코	쿠	크	키	캐	칸	콩	큼

큼

타	터	토	투	트	티	테	털	툼	특
타	터	토	투	트	티	테	털	툼	특

파	퍼	펴	포	푸	프	피	풋	핑	팬
파	퍼	펴	포	푸	프	피	풋	핑	팬

팬

하	허	혀	호	효	후	휴	흐	히	해
하	허	혀	호	효	후	휴	흐	히	해
핥	헌	혁	홑	훗	흙	힘	햇	활	횡
핥	헌	혁	홑	훗	흙	힘	햇	활	횡

횡

사	랑	은	깊	으	기	푸	른	하	늘
사	랑	은	깊	으	기	푸	른	하	늘
맹	세	는	가	볍	기	흰	구	름	쪽
맹	세	는	가	볍	기	흰	구	름	쪽

〈김 영랑의 「소곡(小曲)」에서〉

진 실 로 있 는 그 대 로 의 너

진 실 로 있 는 그 대 로 의 너

를 보 이 는 것 에 만 족 하 라

〈마르티알리스〉

를 보 이 는 것 에 만 족 하 라

엄	마	야	누	나	야	강	변	살	자
엄	마	야	누	나	야	강	변	살	자
뜰	엔	반	짝	이	는	금	모	래	빛
뜰	엔	반	짝	이	는	금	모	래	빛

뒷문밖에는갈잎의노래

뒷문밖에는갈잎의노래

엄마야누나야강변살자

〈김 소월〉

엄마야누나야강변살자

황금의시대가현재일때는없었다〈프랭크린〉

황금의시대가현재일때는없었다

모든종교는도덕을전제로삼는다〈칸트〉

모든종교는도덕을전제로삼는다

문화란 언어의 조건인 동시에 산물 〈듀우이〉

예술은 인간성의 그림자에 불과함 〈W·제임스〉

책은위대한천재들이남겨둔유산 〈애디슨〉

책은위대한천재들이남겨둔유산

교육의최대목표는지식이아닌행동 〈스펜서〉

교육의최대목표는지식이아닌행동

죽음은 가능한 모든 비애의 종말임 〈초오서〉

눈물은 입으로 발하지 않는 슬픈 말 〈볼테에르〉

태산이 높다 하되 하늘 아래 뫼이로다.

태산이 높다 하되 하늘 아래 뫼이로다.

오르고 또 오르면 못 오를 리 없건마는

오르고 또 오르면 못 오를 리 없건마는

사람이 제 아니 오르고 뫼만 높다 하더라.

〈양 사언〉

사람이 제 아니 오르고 뫼만 높다 하더라.

가마귀 검다 하고 백로야 웃지 마라.

가마귀 검다 하고 백로야 웃지 마라.

겉이 검은들 속조차 검을소냐.

겉이 검은들 속조차 검을소냐.

겉 희고 속 검은 이는 너뿐인가 하노라.

〈이 직〉

겉 희고 속 검은 이는 너뿐인가 하노라.

어버이 살아신제 섬기기란 다 하여라.

어버이 살아신제 섬기기란 다 하여라.

지나간 후면 애닯다 어이하리.

지나간 후면 애닯다 어이하리.

평생에 고쳐 못할 일 이뿐인가 하노라.

〈정 철〉

평생에 고쳐 못할 일 이뿐인가 하노라.

잘 가노라 닫지 말며 못 가노라 쉬지 말라.

잘 가노라 닫지 말며 못 가노라 쉬지 말라.

부디 긋지 말고 촌음을 아껴 써라.

부디 긋지 말고 촌음을 아껴 써라.

가다가 중지 긋 하면 아니 감만 못하니라

〈김 천택〉

가다가 중지 긋 하면 아니 감만 못하니라

관습은 요람에서 만나 무덤에서 떠나게 된다. 〈잉거어솔〉

내가 하고자 하지 않는 바를 남에게 하지 말라. 〈논 어〉

음악은 인류 공통의 언어, 시는 환희와 즐거움 〈롱펠로우〉

사랑은 우정의 활력이고 편지는 사랑의 만능약 〈하웰〉

강물이 풀리면 배가 오겠지. 배가 오면은 님도 탔겠지!

님은 안 타도 편지야 탔겠지. 오늘도 강가서 기다리다

가노라. 님이 오시면 이 설움도 풀리지. 동지섣달에

얼었던 강물도 제멋에 녹는데 왜 아니 풀릴까. 〈김동환의 「강이 풀리면」에서〉

…… 어린이의 잠자는 얼굴은 고요하고

평화롭다. 고운 나비의 날개, 비단결 같

은 꽃잎, 이 세상에 곱고 부드럽다는

아무것으로도 형용할 수 없이 보드랍고

고운 이 자는 얼굴을 들여다보아라.

그 서늘한 두 눈을 가볍게 감고, 이렇게

귀를 기울여야 들릴 만큼 가볍게 코를

골면서 편안히 잠자는, 이 좋은 얼굴을

들여다보아라. 우리가 종래에 생각해

오던 하느님의 얼굴을 여기서 발견하게

된다. 어느 구석에 먼지 만큼이나 더러운

티가 있느냐. 어느 곳에 우리가 싫어할

한 가지, 반가지나 있느냐? 죄 많은

세상에 나서 죄를 모르고, 부처보다도

예수보다도 하늘 뜻 그대로의 산 하

느님이 아니고 무엇이랴! 아무 꾀도

갖지 않는다 아무 획책도 모른다. 배고

프면 먹을 것을 찾고 ……

〈방 정환의 「어린이 예찬」에서〉

2. 흘림자편

(1) 흘림자의 기본

글자를 쓰는 데는 흘림자가 적당하고, 또 특수한 경우를 제외하고는 대부분 흘림자로 씁니다. 흘림체는 선을 부드럽고 탄력있게 합니다.

구부리기	ㄱ 오른쪽 위를 솟아 오르는 기분으로 그었다가 모나지 않게 그어 내림	ㄱ ㄱ	고
	ㄴ 처음부터 부드럽고 모나지 않게 오른쪽으로 그음	ㄴ ㄴ	누
멈추기	ㅡ 가운데를 약간 낮은 기분으로	ㅡ ㅡ	치
	ㅡ 오른쪽 아래로 그어 내려 멈추는 기분으로	ㅡ ㅡ	수
이어가기	ㄹ 이어가며 쓰되 중간부는 약간 떼는 기분으로	ㄹ ㄹ	래
	ㅇ 한 번에 써도 좋고 두 번에 써도 좋음	ㅇ ㅇ	에

(2) 홀소리글자 쓰기

홀소리글자의 흘림체는 획 또는 점을 연속시켜 쓰는 것이 중요합니다. 또한, 세로획이 긴 홀소리글자는 받침이 붙을 때 짧게 해야 합니다. 특히, "ㅏ"와 "ㅓ"의 흘림체의 모양 변화에 유의하여 연습합시다.

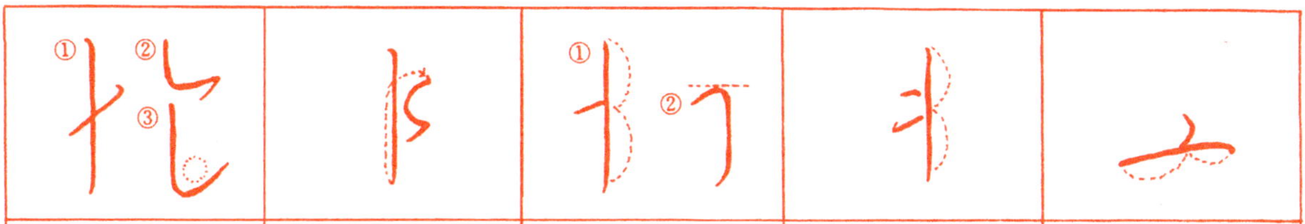

①의 점은 연속하여 쓰며, ①②는 받침이 붙을 때 씀	두 점을 연속하여 쓰되 방향에 유의	닿소리에 연속시킴. ②는 닿소리 "ㄱ"보다 약간 길게	두 점을 연속하여 쓰되 위치와 방향에 유의	점과 획을 연속하여 쓰되 점의 시작에 유의

점획을 모두 연속하여 쓰되 첫째 점을 둘째 점보다 짧게	위의 닿소리의 오른쪽에 맞추어 그어 내리되 가로획을 길게	획을 모두 연속하여 쓰되 둘째 획은 세째 획보다 짧게	첫째 획과 둘째 획을 연속하여 쓰되 "ㅣ"는 곧게 내리 그음	획과 점을 모두 연속하여 쓰되 "ㅣ"는 곧게 내리 그음

(3) 닿소리글자 쓰기

닿소리글자 역시 획 또는 점을 연속시켜 주는 것이 중요하며, 다음에 연결되는 홀소리글자에 따라, 받침의 유무에 따라 같은 글자라도 모양이 달라지는 것이 많습니다.

○표에 힘을 넣어 왼쪽 아래로 또는 바로 아래로 힘차게 내리 그음
○표에 힘을 주면서 내리 긋고 약간 멈추었다가 오른쪽으로
첫획의 끝과 둘째 획의 시작이 일치되도록
"ㄷ"의 요령에 준하되 둘째 획의 끝이 세째 획의 시작이 되도록
왼쪽 "ㅁ"은 "ㅗ, ㅛ, ㅜ, ㅠ, ㅡ"와 받침에 쓰고 오른쪽 "ㅁ"은 "ㅏ, ㅑ, ㅓ, ㅕ, ㅣ"에 씀
세째 획과 네째 획을 연속시켜 쓰되, 굽힘에 많은 연습이 필요함. 홀소리 모두와 받침에 씀

첫째 획의 끝과 둘째 획의 처음까지는 연속된 기분으로

두 번으로 나누어 쓰는 것이 보통이나 받침일 경우에는 한 번에 쓰기도 함

"ㅅ"의 요령에 준함

"ㅅ"과 "ㅈ"의 요령에 준함

첫째 획과 둘째 획은 연결시키지 않으며 둘째와 세째 획만 연결시킴

흘림체 "ㅗ"의 요령에 준함

"ㅇ"은 한번에 둘째 획에서 연결

가	거	고	교	구	국	그	기	게	계

괴	끄	값	겠	글	긂	김	꺼	긋	깅

긋

나 내 너 녀 노 누 느 니 놔 눠

늬 낡 낭 넋 능 늡 늦 녁 냄 넷

냄

다	더	도	두	드	디	데	되	또	띠
다	더	도	두	드	디	데	되	또	띠
뗘	닭	덕	돐	듯	땅	떫	뚫	뜰	땜
뗘	닭	덕	돐	듯	땅	떫	뚫	뜰	땜
								뜰

라	러	로	료	루	류	르	리	려	릇
라	러	로	료	루	류	르	리	려	릇
마	머	모	무	미	많	몇	믃	물	민
마	머	모	무	미	많	몇	믃	물	민

물

바	버	보	부	브	비	뵈	뻐	쁘	삐
밟	벗	복	붉	빗	빌	번	빵	쁩	뻘

시	서	소	수	스	시	세	쉬	써	쓰

시 서 소 수 스 시 세 쉬 써 쓰

씨	삶	송	숯	습	싫	샘	쌓	쏟	쑥

씨 삶 송 숯 습 싫 샘 쌓 쏟 쑥

쏟

아	야	어	여	오	요	우	유	으	이
아	야	어	여	오	요	우	유	으	이
에	외	위	의	않	엇	읊	있	옛	원
에	외	위	의	않	엇	읊	있	옛	원

옛

지	저	조	주	즈	지	재	제	죄	쩌
지	저	조	주	즈	지	재	제	죄	쩌

쩍	잣	젊	좃	주	즘	잰	잘	쫏	쨍
쩍	잣	젊	좃	주	즘	잰	잘	쫏	쨍

쫏

차	처	초	추	츠	치	체	참	층	침
차	처	초	추	츠	치	체	참	층	침

가	거	고	구	그	기	개	간	공	금
가	거	고	구	그	기	개	간	공	금

공

하	히	호	후	흐	희	허	헐	흠	후
하	히	호	후	흐	희	허	헐	흠	후

파	피	펴	포	푸	프	퍼	풋	펑	팬
파	피	펴	포	푸	프	퍼	풋	펑	팬

펑

하	허	혀	호	효	후	휴	흐	히	해
하	허	혀	호	효	후	휴	흐	히	해

핥	헌	혁	홀	훅	흙	힘	햇	활	횡
핥	헌	혁	홀	훅	흙	힘	햇	활	횡

활

아니 땐 굴뚝에 연기 날까 〈속담〉

아니 땐 굴뚝에 연기 날까

백지 한 장도 맞들면 낫다 〈속담〉

백지 한 장도 맞들면 낫다

훌	륭	한	교	양	은	양	식	의	꽃
훌	륭	한	교	양	은	양	식	의	꽃

〈E·영〉

문	명	은	자	연	에	대	한	승	리
문	명	은	자	연	에	대	한	승	리

〈하아비〉

사	랑	은	이	름	지	은	꿈	이	지
사	랑	은	이	름	지	은	꿈	이	지
인	간	의	영	혼	은	불	사	불	멸
인	간	의	영	혼	은	불	사	불	멸

〈 샤아프 〉

〈 플라톤 〉

어린이는 어른의 아버지

〈워어즈워어드〉

어린이는 어른의 아버지

신의 본체는 사랑과 예지

〈스베에덴보리〉

신의 본체는 사랑과 예지

오류를 범하는 것은 인간 본성이니 〈키케로〉

전쟁은 악덕이고 평화는 미덕이니 〈셀리〉

박애의 실천에는 큰 용기가 필요함 (간디)

인생의 황금율은 모든 것에의 중용 (테렌티우스)

자선은 종교의 극치이며 장식이다 〈에디슨〉

시간은 모든 것을 서서히 파괴한다 〈주우베르〉

자기신뢰는 으뜸가는 성공의 비결 〈에머슨〉

의를 보고도 방관함은 용기의 부족 〈공자〉

오백년 도읍지를 필마로 돌아드니.

오백년 도읍지를 필마로 돌아드니.

산천은 의구하되 인걸은 간 데 없다.

산천은 의구하되 인걸은 간 데 없다.

어즈버 태평 연월이 꿈이런가 하노라.

〈길재〉

어즈버 태평 연월이 꿈이런가 하노라.

내 벗이 몇이나 하니 수석과 송죽이라.

내 벗이 몇이나 하니 수석과 송죽이라.

동산에 달 오르니 그 더욱 반갑고야.

동산에 달 오르니 그 더욱 반갑고야.

두어라 이 다섯 밧긔 또 더하여 무엇하리.

〈윤 선도〉

두어라 이 다섯 밧긔 또 더하여 무엇하리.

고금에 어질기야 공부자만 할가마는

고금에 어질기야 공부자만 할가마는

철환 천하하여 목탁이 되엿시니.

철환 천하하여 목탁이 되엿시니.

날 같은 썩은 선비야 일러 무삼하리오.

〈김 천택〉

날 같은 썩은 선비야 일러 무삼하리오.

위태로운 일이 보이면 외면말고 목숨을 바쳐라. 〈안중근〉

눈앞에 이득이 보이면 도리를 생각하고 나라의

실행에는 힘을 헤아려 점진적으로 나아간다.
〈주자의 「근사록」에서〉

착안할 목표는 반드시 멀리 가야 한다. 그러나 그

이것은 소리없는 아우성 저 푸른 해원을 향하여 흔드는

영원한 노스탈쟈의 손수건 순정은 물결같이 바람에 나부끼고

〈유 치환의 「깃발」에서〉

옷자락에 떨며 고요히 최후의 한 방울도 남김없이 타오리다.

〈김동명의 「내 마음」에서〉

내 마음은 촛불이오 그대 저 문을 닫아주오. 나는 그대의 비단

무릇 말은 반드시 성실하고 이쁘게 하며,

행실은 반드시 부지런하고 진실하며,

음식은 반드시 삼가하여 알맞게 먹으며,

글씨는 반드시 똑똑하고 바르게 쓰며,

얼굴 모양은 반드시 얌전하고 엄숙히 하며,

옷과 갓은 반드시 바르고 엄숙히 하며,

걸음걸이는 반드시 안정되고 자세히 하며,

서는 곳은 반드시 바르고 고요히 하며,

일하는 것은 반드시 생각해서 시작하며,

말은 반드시 나중 일을 생각하여 하며,

떳떳한 덕은 반드시 굳게 갖도록 하며,

허락은 반드시 깊이 생각해서 행하며,

착함을 봄은 자기에게서 나온듯이 하며,

악함을 보는 것은 자기의 병같이 하라.

무릇 이 열네 가지는 모두 내가 아직

깊이 깨닫지 못한 것이니라. 〈명심보감「입교편」에서〉

글씨의 바른 학습법

1. 경필 서예

(1) 정 자 체

1 모음쓰기

ㅡ	ㅡ	으	ㅡ	처음에 힘을 주고 중간에서는 가볍게 했다가 끝에 또 힘을 준다.
ㅣ	ㅣ	이	ㅣ	처음에는 약간 힘을 주어 내리그으며 끝에 가서 가볍게 뺀다.
ㅏ	ㅏ	아	ㅏ	점은 세로획의 중간보다 조금 아래에, 그리고 둔하지 않게
ㅑ	ㅑ	야	ㅑ	두 점은 약간 벌어지게 쓴다.
ㅓ	ㅓ	어	ㅓ	옆으로 긋는 획은 중간 위치에 접필을 깊게 하여 긋는다.
ㅕ	ㅕ	여	ㅕ	옆으로 긋는 획은 안쪽으로 약간 넓게 한다.
ㅗ	ㅗ	오	ㅗ	내리긋는 획은 중간 정도에 오도록 한다.
ㅛ	ㅛ	요	ㅛ	내리긋는 획은 가로획을 대략 3등분 한다.

ㅜ	ㅜ	우	ㅜ	내리긋는 획은 가로획의 $\frac{1}{3}$ 위치에 긋는다.
ㅠ	ㅠ	유	ㅠ	내리긋는 획은 가로획을 대개 3등분 한다.
ㅐ	ㅐ	애	ㅐ	첫째 획은 짧게 내리긋고, 옆으로 긋는 획은 중간 위치에 긋는다.
ㅔ	ㅔ	에	ㅔ	간격을 맞추고, 옆으로 긋는 획은 중간 위치에 긋는다.
ㅖ	ㅖ	예	ㅖ	간격을 맞추고, 옆으로 긋는 획은 안쪽으로 약간 넓게 한다.
ㅘ	ㅘ	와	ㅘ	ㅗ와 ㅏ가 붙도록 한다.
ㅝ	ㅝ	워	ㅝ	ㅜ와 ㅓ가 붙지 않도록 한다.
ㅚ	ㅚ	외	ㅚ	ㅗ와 ㅣ가 붙도록 하되 너무 넓지 않게 한다.
ㅟ	ㅟ	위	ㅟ	ㅜ와 ㅣ가 너무 좁지 않게 한다.
ㅢ	ㅢ	의	ㅢ	가로획은 가볍게 하며 ㅣ의 $\frac{1}{3}$ 위치에 붙인다.

ㅙ	ㅙ	왜	ㅙ	간격에 주의하여 쓴다.
ㅞ	ㅞ	웨	ㅞ	ㅝ가 너무 크지 않게, 셋째 획이 첫째 획보다 올라가지 않게 한다.

2 자음쓰기

ㄱ	ㄱ	가 거 기	개 게
ㄱ	ㄱ	구 규 그	귀 긔
ㄱ	ㄱ	고 교 각	괴
ㄴ	ㄴ	나 냐 니	내
ㄴ	ㄴ	너 녀	네
ㄴ	ㄴ	노 뇨 누	뇌 뉘
ㄴ	ㄴ	난 는 논	

ㄷ	ㄷ	다 댜 디	대
ㄷ	ㄷ	도 됴 두	되 뒤
ㄷ	ㄷ	돈 단 든	
ㄹ	ㄹ	라 랴 리	래
ㄹ	ㄹ	러 려	레
ㄹ	ㄹ	로 료 루	뢰
ㄹ	ㄹ	롤 룰 를	
ㅁ	ㅁ	마 머 미	매 메
ㅂ	ㅂ	바 버 부	배 베
ㅅ	ㅅ	사 샤 시	새

ㅅ	ㅅ	서 셔	세
ㅅ	ㅅ	소 수 스	쇠 쉬
ㅇ	ㅇ	아 오 이	애 외
ㅈ	ㅈ	자 쟈 지	재
ㅈ	ㅈ	저 져	제
ㅈ	ㅈ	조 주 즈	죄 쥐
ㅊ	ㅊ	차 챠 치	채
ㅊ	ㅊ	처 쳐	체
ㅊ	ㅊ	초 추 츠	최 취
ㅋ	ㅋ	카 커 키	캐 케

ㅋ	ㅋ	쿠 큐 크	
ㅋ	ㅋ	코 쿄	
ㅌ	ㅌ	타 탸 티	태
ㅌ	ㅌ	터 텨	테
ㅌ	ㅌ	토 투 트	퇴
ㅌ	ㅌ	밭 겉	
ㅍ	ㅍ	파 퍄 피	패
ㅍ	ㅍ	퍼 펴	페 폐
ㅍ	ㅍ	포 푸 프	표
ㅎ	ㅎ	하 허 호	해 헤

3 경음쓰기

ㄲ	ㄲ	까 꺼 기	깨 께
ㄲ	ㄲ	꼬 낚 밖	꾀
ㄸ	ㄸ	따 땨 띠	때
ㄸ	ㄸ	또 뚜 뜨	뛰
ㅃ	ㅃ	빠 뻐 삐	빼
ㅃ	ㅃ	뽀 뿌 쁘	
ㅆ	ㅆ	싸 씨	쌔
ㅆ	ㅆ	써 쎠	
ㅆ	ㅆ	쏘 쑤 쓰	
ㅉ	ㅉ	짜 찌	째

4 받침쓰기

ㄱ	ㄱ	국	속	녹	먹	학
ㄴ	ㄴ	는	은	순	산	안
ㄷ	ㄷ	곧	솓	굳	낟	믿
ㄹ	ㄹ	골	눌	술	달	별
ㅁ	ㅁ	곰	둠	좀	잠	험
ㅂ	ㅂ	눕	읍	습	겁	첩
ㅅ	ㅅ	놋	옷	못	벗	첫
ㅇ	ㅇ	긍	동	붕	넝	향
ㅈ	ㅈ	궂	늦		잊	짖
ㅊ	ㅊ	숯	윷		낯	몇

ㅋ	ㅋ	읔	엌 녘
ㅌ	ㅌ	틑 솥	겉 밭
ㅍ	ㅍ	높 숲	깊 잎
ㅎ	ㅎ	놓 좋	랗 얗

5 겹받침쓰기

ㄳ	넋	삯
ㄺ	늙	밝
ㄼ	넓	밟
ㄻ	삶	젊
ㅀ	곯	옳

ㅄ	값	없
ㄶ	많	않
ㄵ	앉	얹
ㄾ	핥	훑
ㅁㄱ	낢	

6 글자의 짜임

＜	저	계	서	예	데	야
∧	고	노	도	로	보	소
◇	구	두	수	우	주	추
—	짝	났	땀	떤	뺨	탔
◹	짱	평	뻔	꿩	길	빵
┼	맑	밝	앉	없	짧	젊
│	좋	붙	골	을	물	름
||||	배	빼	뿌	때	매	마
≡	둘	튼	를	물	글	풀
||	읍	솟	붙	솝	긋	울

(1) 정 자 체 1 모음쓰기

ㅏ					ㅠ				
아					유				
ㅑ					ㅡ				
야					으				
ㅓ					ㅣ				
어					이				
ㅕ					ㅐ				
여					애				
ㅗ					ㅔ				
오					에				
ㅛ					ㅖ				
요					예				
ㅜ					ㅘ				
우					와				

ㅝ					ㅢ				
워					의				
ㅚ					ㅙ				
외					왜				
ㅟ					ㅞ				
위					웨				

2 자음쓰기

ㄱ					구				
가					규				
거					그				
기					귀				
개					긔				
게					ㄱ				
ㄱ					고				

교					뇨				
각					누				
괴					뇌				
ㄴ					뉘				
나					ㄴ				
냐					난				
니					는				
내					논				
ㄴ					ㄷ				
너					다				
녀					댜				
네					디				
ㄴ					ㄷ				
노					대				

도					ㄹ				
됴					러				
두					려				
되					레				
뒤					ㄹ				
ㄷ					로				
돋					료				
닫					루				
듣					뢰				
ㄹ					ㄹ				
라					롤				
랴					룰				
리					를				
래					ㅁ				

마					시				
머					새				
미					ㅅ				
매					서				
메					셔				
ㅂ					세				
바					ㅅ				
버					소				
부					수				
배					스				
베					쇠				
ㅅ					쉬				
사					ㅇ				
샤					아				

오				
이				
애				
외				
ㅈ				
자				
쟈				
지				
재				
ㅈ				
저				
져				
제				
ㅈ				

조				
주				
즈				
죄				
쥐				
ㅊ				
차				
챠				
치				
채				
ㅊ				
처				
쳐				
체				

ㅊ					큐				
초					크				
추					ㅋ				
츠					코				
최					쿄				
취					ㅌ				
ㅋ					타				
카					탸				
커					티				
키					태				
캐					ㅌ				
케					터				
ㅋ					텨				
쿠					테				

ㅌ				
토				
투				
트				
퇴				
ㅌ				
밭				
겉				
ㅍ				
파				
퍄				
피				
패				
ㅍ				

퍼				
펴				
페				
폐				
ㅍ				
포				
푸				
프				
표				
ㅎ				
하				
허				
호				
해			헤	

3 경음쓰기

ㄲ					띠				
까					때				
꺼					ㄸ				
끼					또				
깨					뚜				
께					뜨				
ㄲ					뛰				
꼬					ㅃ				
낚					빠				
밖					뻐				
끠					삐				
ㄸ					빼				
따					ㅃ				
땨					뽀				

뿌					ㅆ				
쁘					쏘				
ㅆ					쑤				
싸					쓰				
씨					ㅉ				
쌔					짜				
ㅆ					찌				
써					째				
쎠									

4 받침쓰기

ㄱ					먹				
국					학				
속					ㄴ				
녹					는				

은				
순				
산				
안				
ㄷ				
곤				
손				
군				
난				
민				
ㄹ				
골				
눌				
술				

달				
별				
ㅁ				
곰				
둠				
좀				
잠				
험				
ㅂ				
눕				
읍				
숩				
겁				
첩				

ㅅ				
놋				
옷				
못				
벗				
첫				
ㅇ				
긍				
동				
뭉				
넝				
향				
ㅈ				
궂				

늦				
잊				
짖				
ㅊ				
숯				
윷				
낯				
몇				
ㅋ				
읔				
엌				
녘				
ㅌ				
틑				

솥					잎				
겉					ㅎ				
맡					놓				
ㅍ					좋				
높					랗				
숲					얗				
깊									

5 겹받침쓰기

ㄳ					ㄼ				
넋					넓				
삯					밟				
ㄺ					ㄻ				
늙					삶				
밝					젊				

ㄹㅎ
곪
옳
ㅂㅅ
값
없
ㄴㅎ
많
않

ㄴㅈ
앉
얹
ㄹㅌ
핥
훑
ㅁㄱ
나ㅁㄱ

견품 계획 관세 권한 금융
낙찰 대출 독점 무역 발취
부채 복지 상장 소비 시가
순응 원료 위탁 입찰 자산
저축 차입 청약 추심 차관

책임 이월 도매 익명 경영

광고 판매 차변 표결 회의

담당 당좌 원장 노동 증권

견적서 공기업 내입금 담보물

대리상 도량형 도로환 매출환

백화점 자본금 선매품 송품장

연쇄점 영업권 재보험 재입찰

전문품 착수금 통운업 편의품

해운업 화물환 회사채 채권자

대리점 위탁상 중개상 소매상

가공무역 공동보험

국제금융 근일인도

금속화폐 금융정책

기업수출 당용매입

대금추심 도난보험

보 조 상 인 산 업 금 융

선 화 증 권 수 출 검 사

시 장 생 산 어 음 교 환

직 접 무 역 출 고 절 차

화 폐 제 도 교 환 계 산

희망의 새해를 맞이하여 귀사의 발전

을 앙축하오며… 올해도 귀사의

번창을 기원합니다. 새봄을 맞이하여

귀사의 무궁한 발전을 기원하오며…

삼가 귀사의 일익 번창을 앙축하오며…

매번 각별한 거래와 후의에 깊은 감

사를 드립니다. 중추 가절을 맞아

귀체 존안하심과 귀사의 번영을 앙축

합니다. 천고마비의 계절을 맞아 귀

사의 발전을 기원합니다.

진정한 행복은 밖에서 오지 않고 안

에서 나온다. 자신감과 정열을 가지면

성공할 수 있다. 어렵다고 거절하는 행

동에는 발전이 있을 수 없다. 결심하

고 단행하라, 그러면 행복해질수 있다.

신은 준비하는 사람에게만 빛나는 보석

을 준다. 지혜를 얻는 것이 금을 얻

는 것보다 낫다.

가장 큰 승리는 내가 나를 이기는 것

이다.

창업 추천 취득 포괄 장부

저가 정태 합병 손실 각액

결산 대변 동태 기말 수탁

세무 내용 미결 배당 매도

영업 선급 목표 사채 상각

총평균법

경상손익

추첨상환

고정부채

동태비율

유동부채

정태비율

잔여지분

관리회계 포괄주의 할증발행 균형검사

매출채권 재무분석 무상증자 장기부채

우리 나라에는 예부터 전해 내려오는 미풍 양속이 많이 있습니다. 예컨대, 설날이나 추석과 같은 명절에 흩어져 살던 자녀들이 고향과 옛 집을 찾아 가족이 함께 모이는 관습이라든지, 그런 명절에는 살아계신 집안 어른들을 찾아뵐 뿐만 아니라, 돌아가신 조상까지 추원감모하는 풍속이 있습니다. 또, 웃어른을 공경하며, 아랫사람을 사랑으로 이끌고, 이웃 간에 서로 도우면서 다정하게 지내 왔습니다.

그런데, 우리는 근대화를 통한 현대 산업 사회의 건설 과정이 빚어 낸 황금 만능주의나 개인주의의 ....

(2) 흘림체

1 모음쓰기

ㅡ	ㅡ	으	ㅡ	왼편으로 약간 기울어지게 한다.
ㅣ	ㅣ	이	ㅣ	정자와 별 차이는 없으나 부드럽게 한다.
ㅏ	ㅏ	아	ㅏ	정자와 별 차이가 없으나 부드럽게 쓴다.
ㅏ	ㅏ	앙	ㅏ	점은 다음의 획과 연결되도록 한다.
ㅑ	ㅑ	야	ㅑ	정자와 별 차이가 없으나 부드럽게 쓴다.
ㅑ	ㅑ	양	ㅑ	두 점을 연결시키며 다음 획과 연결되도록 한다.
ㅓ	ㅓ	어	ㅓ	앞의 자음에서 연결되는 기분으로 쓴다.
ㅕ	ㅕ	여	ㅕ	안쪽이 조금 넓게 하며, 두 획이 연결되도록 한다.
ㅗ	ㅗ	오	ㅗ	왼편으로 약간 기울어지게 앞의 자음에서 연결되는 기분으로 쓴다.

ㅛ	ㅛ	요	ㅛ	두 획을 둥근 기분으로 부드럽게 연결한다.
ㅜ	ㅜ	우	ㅜ	옆으로 긋는 획은 접하는 쪽을 가늘게 한다.
ㅠ	ㅠ	유	ㅠ	세 획이 한 번에 연결되어야 한며, 가벼운 곳을 잘 처리해야 한다.
ㅐ	ㅐ	애	ㅐ	첫째 획과 둘째 획을 연결, 셋째 획의 중간에 위치하도록 한다.
ㅔ	ㅔ	에	ㅔ	정자와 별 차이는 없으나 부드럽게 하여 쓴다.
ㅒ	ㅒ	얘	ㅒ	옆의 두 획이 부드럽게 연결되도록 한다.
ㅖ	ㅖ	예	ㅖ	두 점은 안쪽으로 넓게 하여 부드럽게 연결시킨다.
ㅘ	ㅘ	와	ㅘ	옆의 획 아랫부분과 점은 수평이 되도록 쓴다.
ㅝ	ㅝ	워	ㅝ	부드럽게 연결되도록 한다.
ㅟ	ㅟ	위	ㅟ	ㅜ와 ㅣ가 너무 좁거나 넓지 않게 쓴다.

ㅓ	ㅓ	의	ㅓ	두 획이 접필되는 부분은 가볍게 한다.

2 자음쓰기

ㄱ	ㄱ	가	거	기	개	게
ㄱ	ㄱ	구	국	그	귀	긔
ㄱ	ㄱ	고	교		괴	
ㄴ	ㄴ	나	냐	니	내	
ㄴ	ㄴ	너	녀		네	
ㄴ	ㄴ	노	누	느	뇌	뉘
ㄴ	ㄴ	난	넌	는		
ㄷ	ㄷ	다	댜	디	대	
ㄷ	ㄷ	더	뎌		데	

ㄷ	ㄷ	도 두 드	되 뒤
ㄷ	ㄷ	달 돌 들	
ㄹ	ㄹ	라 랴 리	래
ㄹ	ㄹ	러 려	
ㄹ	ㄹ	로 루 르	뢰
ㄹ	ㄹ	랄 럴 를	
ㅁ	ㅁ	마 머 미	매 메
ㅁ	ㅁ	모 무 많	뫼
ㅂ	ㅂ	바 보 법	배
ㅅ	ㅅ	사 샤 시	새

ㅅ	ㅅ	서	셔		세	
ㅅ	ㅅ	소	수	스	쇠	쉬
ㅇ	ㅇ	아	오	우	애	에
ㅈ	ㅈ	자	쟈	지	재	
ㅈ	ㅈ	저	져		제	
ㅈ	ㅈ	조	주	즈	죄	쥐
ㅊ	ㅊ	차	챠	치	채	
ㅊ	ㅊ	처	쳐		체	
ㅊ	ㅊ	초	추	츠	최	취
ㅋ	ㅋ	카	커	키	캐	케

ㅋ	ㅋ	코 쿄	쾌
ㅋ	ㅋ	커 켜 크	
ㅌ	ㅌ	타 탸 티	태
ㅌ	ㅌ	터 텨	테
ㅌ	ㅌ	토 투 트	퇴
ㅌ	ㅌ	같 밭	끝
ㅍ	ㅍ	파 퍄 피	패
ㅍ	ㅍ	퍼 펴	페
ㅍ	ㅍ	포 푸 프	표
ㅎ	ㅎ	하 허 호	해 회

3 받침쓰기

ㄱ	ㄱ	각	낙	먹	박	학
ㄴ	ㄴ	눈	든	룬	분	손
ㄷ	ㄷ	닫	믿	받	솓	튿
ㄹ	ㄹ	달	를	불	물	길
ㅁ	ㅁ	맘	남	봄	잠	험
ㅂ	ㅂ	겁	눕	밥	삽	집
ㅅ	ㅅ	긋	낫	뭇	벗	삿
ㅇ	ㅇ	궁	농	둥	중	항
ㅈ	ㅈ	궂	늦	빚	잊	짖
ㅊ	ㅊ	갗	낯	몇	숯	윷

ㅋ	ㅋ	녘	엌	읔		
ㅌ	ㅌ	겉	밭	맡	솥	끝
ㅍ	ㅍ	높	섶	앞	잎	
ㅎ	ㅎ	낳	놓	닿	않	좋

4 겹받침쓰기

ㄳ	삯	넋
ㄺ	밝	늙
ㄼ	넓	밟
ㄽ	삶	젊
ㅀ	곯	옳

ㅄ	값	없
ㄶ	많	않
ㄵ	앉	얹
ㄾ	핥	훑
ㄻ	낡	

(2) 흘림체 [1] 모음쓰기

ㅏ					ㅗ				
아					오				
ㅏ					ㅜ				
앙					우				
ㅑ					ㅠ				
야					유				
ㅑ					ㅡ				
양					으				
ㅓ					ㅣ				
어					이				
ㅕ					ㅐ				
여					애				
ㅗ					ㅔ				
오					에				

ㅒ					ㅝ				
얘					워				
ㅖ					ㅟ				
예					위				
ㅘ					ㅢ				
와					의				

2 자음쓰기

ㄱ					구				
가					궈				
거					고				
기					귀				
개					ㄱ				
게					고				
ㄱ					괴				

교				
괴				
ㄴ				
나				
냐				
니				
내				
ㄴ				
너				
녀				
네				
ㄴ				
노				
누				

느				
뇌				
뉘				
ㄴ				
난				
넌				
는				
ㄷ				
다				
댜				
디				
대				
ㄷ				
더				

뎌				
데				
ㄷ				
도				
두				
드				
되				
뒤				
ㄷ				
달				
돌				
둘				
ㄹ				
라				

랴				
리				
래				
ㄹ				
러				
려				
ㄹ				
로				
루				
르				
뢰				
ㄹ				
랄				
럴				

를				
ㅁ				
마				
머				
미				
매				
메				
ㅁ				
모				
무				
많				
뫼				
ㅂ				
바				

보				
법				
배				
ㅅ				
사				
샤				
시				
새				
ㅅ				
서				
셔				
세				
ㅅ				
소				

수					재				
스					ㅈ				
쇠					저				
쉬					져				
ㅇ					제				
아					ㅈ				
오					조				
우					주				
애					즈				
에					죄				
ㅈ					쥐				
자					ㅊ				
쟈					차				
지					챠				

치					커				
채					키				
ㅊ					캐				
처					케				
쳐					ㅋ				
체					코				
ㅊ					쿄				
초					쾌				
추					ㅋ				
츠					쿠				
최					큐				
취					크				
ㅋ					ㅌ				
카					타				

탸				
티				
태				
ㅌ				
터				
텨				
테				
ㅌ				
토				
투				
트				
퇴				
ㅌ				
같				

밭				
끝				
ㅍ				
파				
퍄				
피				
패				
ㅍ				
퍼				
펴				
페				
ㅍ				
포				
푸				

프					허				
표					호				
흐					해				
하					회				

3 받침쓰기

ㄱ					른				
각					븐				
녁					슨				
먹					ㄹ				
박					달				
혁					밀				
ㄴ					발				
눈					슬				
든					틀				

ㄹ					늡				
갈					밥				
를					삽				
불					집				
물					ㅅ				
길					긋				
ㅁ					낫				
맘					못				
남					벗				
봄					삿				
잠					ㅇ				
험					긍				
ㅂ					능				
겁					등				

킁				
항				
ㅈ				
궂				
늦				
빚				
잊				
짖				
ㅊ				
갗				
낯				
몇				
숯				
윷				

ㅋ				
녘				
엌				
읔				
ㅌ				
겉				
밭				
맡				
솥				
끝				
ㅍ				
늪				
섶				
앞				

잎				
ㅎ				
갛				
놓				

랗				
않				
좋				

4 겹받침쓰기

ㄳ				
삯				
넋				
ㄺ				
밝				
늙				
ㄼ				
넓				
밟				

ㄻ				
삶				
젊				
ㅀ				
곯				
옳				
ㅄ				
값				
없				

ㄶ					ㄾ				
많					핥				
않					훑				
ㄵ					ㄺ				
앉					늙				
얹					값				
삯					많				
삶					않				
밝					앉				
밟					핥				
넋					얹				
넓					곯				
젊					옳				
없					훑				

국 가 책 임 의 무 권 리 민 법

업 적 출 천 공 지 무 궁 최 후

고 설 발 장 생 략 설 명 표 현

우 불 보 존 기 록 틈 위 항 상

서 식 종 류 감 동 신 비 상 사

덕망 여유 차질 정화

동태비율 잔여지분 추첨상환

재무분석 관리회계 고정부채

무상증자 포괄주의 장기부채

유동부채 균형감사 총평균법

◦ 행복은 진실한 마음에서만 우러나온다.

◦ 사람이 책을 만들고, 책이 사람을 만든다.

◦ 협동과 단결은 인간 생활의 힘이요 수단이다.

◦ 진실한 생각에서 진실한 말과 행동이 나온다.

◦ 뜻있는 자는 이루고 노력하는 자는 얻는다.

◦ 그릇됨을 깨달으면 상냥한 마음이 나타난다.

◦ 태산을 넘으면 그 다음엔 평지가 보인다.

◦ 인생에서 가장 행복한 시간은 일에 몰두하고 있을 때다.

◦ 군자는 옳은 일에 민첩하고 소인은 이익에 예민하다.

재무제표
실험연구
개발차관
협동조합

대차대조
부가가치
수출증강
사채발행

신용주의 주주총회 연대보증 상임감사

경제원칙 유한회사 합자회사 보세창고

복리후생 평가절상 상호부조 주식회사

신용주의 주주총회 연대보증 상임감사

경제원칙 유한회사 합자회사 보세창고

복리후생 평가절상 상호부조 주식회사

3. 실용편

아라비아 숫자 쓰기

아라비아 숫자의 필법은 한국은행에서 제정한 것이 기장상의 체재와 속필의 효과 및 도말 개서의 방지 등을 고려하여 만들었으므로 은행 업무는 물론 일상 생활에서도 가장 적절한 것으로 생각된다. 따라서, 여기에서는 한국은행에서 제정한 것의 필법을 설명하기로 한다.

필법

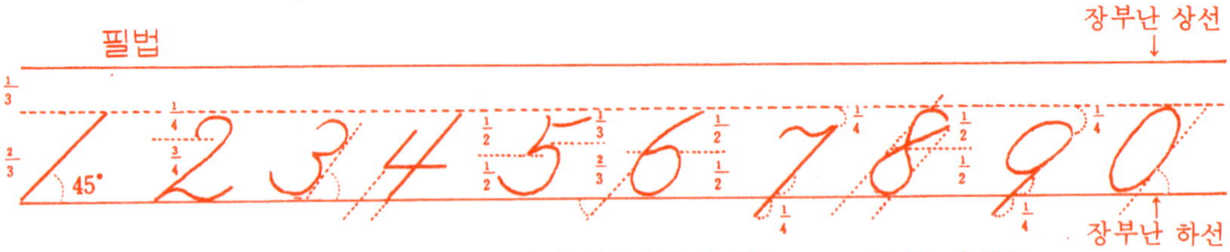

① 각자의 최하부는 장부난 하선에 접하여야 하며(단 7,9는 예외), 자획은 대략 45도의 각도로 경사시키도록 한다.

② 매자의 높이는 동일하며 장부난의 $\frac{2}{3}$를 초과하여서는 아니 된다.

③ 7및 9자는 약간(각자 높이의 약 $\frac{1}{4}$) 내려서 써야 한다. 따라서 그만큼 자미가 장부난 하선을 뚫고 내려간다.

④ 2자의 첫 획은 전체 $\frac{1}{4}$되는 곳에서부터 쓰기 시작한다.

⑤ 3자의 둘레는 아래 둘레가 윗둘레보다 크다.

⑥ 4자는 내려 근 양획이 평행하며 옆으로 근 획은 장부난 하선에 평행하여야 한다.

⑦ 5자는 아래 둘레 높이가 전체 높이의 $\frac{2}{3}$ 정도이다.

⑧ 6자는 아래 둘레 높이가 전체 높이의 $\frac{1}{2}$ 정도이다.

⑨ 7자는 상부의 각형에 주의할 것.

⑩ 8자는 상하 둘레가 대략 같다.

⑪ 9자는 상부의 원형에 주의할 것.

(한국은행 자료에서)

보기

壹					壱				
貳					弐				
參					参				
四					四				
五					五				
六					六				
七					七				
八					八				
九					九				
拾					拾				
百					百				
千					千				
萬					萬				
億					億				

희망의 새해가 밝아왔습니다

이 해에는 더욱 분투 노력 하시와

모든 소원이 이루어 지시길

축원합니다

년 새해 아침

강 경 한 드림

삼가 성탄을 축하하오며

아울러 새해에는 끝없는

하느님의 사랑과 축복 아래

더욱 만복을 누리소서

년 월 일

장 일 환

근하신년

만사 형통 하시길

가슴벅찬 새해가

만복이 깃드시길

세배를 드리옵니다

메리 크리스마스

세모에 즈음하여

이 해도 저물어 가는

연말의 종소리가

하나님의 은총이

각박한 인정이

우 편 엽 서

보내는 사람 장 경 임

대구광역시 달서구 본리동

644의 2

704-120

받는 사람 김 영 자 에게

서울특별시 종로구 신문로

2가 11

110-062

매월 말일은 편지 쓰는 날입니다.

영자야

또다시 새해 아침이 밝았구나. 좋은 꿈 많이 꾸었니. 해마다 맞이하는 설이건만 이 날만 되면 누구나 한결같이 새로운 희망과 결의를 갖는가봐. 너도 물론 뭔가 마음속에 굳게 다짐한 바가 있겠지. 우리 올해에도 더욱 굳게 손잡고 나아가자꾸나.

너의 가정에 새해의 축복이 듬뿍 내리기를 빌면서 안녕.

19 년 월 일

경임이가

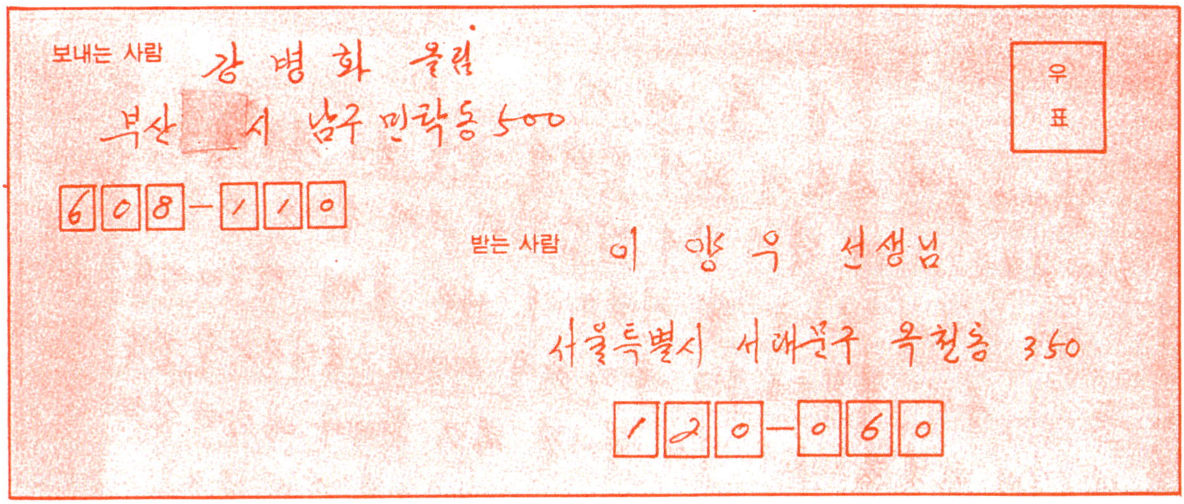

봉투 쓸 때의 주의점

① 받는 사람 이름 뒤에 쓰는 용어
　보통의 경우…"선생님, 귀하, 님, 께"
　관청이나 회사의 경우…"귀중"
　자기 집에 보낼 경우…자기 이름밑에 "본제 입납(本第入納)"

② 보내는 사람 이름 뒤에 쓰는 용어
　웃사람의 경우…"상서, 올림, 친서"
　비슷하거나 아랫사람의 경우…"드림, 씀"

편지 쓸 때의 주의점

① 받는 사람 이름 뒤에 쓰는 용어
　사회적인 명망이 있는 사람의 경우…"선생님"
　상대방을 높이는 경우…"귀하"
　친구나 아랫사람의 경우…"군, 양"

② 보내는 사람 이름 뒤에 쓰는 용어
　웃사람의 경우…"상서, 올림"
　비슷하거나 아랫사람의 경우…"드림, 씀"

(다음의 공란에 용어쓰기 연습을 해 봅시다.)

선생님				친 서			
귀 하				드 림			
님				씀			
께				군			
귀 중				양			
상 서				씨			
올 림				여 사			
본 제				원 고			
입 납				재 중			

상무에게

집에서 보낸 사람이 와서 전해준 글을 보고 가을 이후에 편안하다는 소식을 알게 되니 답답함이 크게 열리는 것 같다. 겨울 동안에 모두들 잘 지냈으며, 너의 둘째 작은아버지는 그 사이 북쪽으로부터 돌아왔을 터인데, 육십잔치를 인아와 같이 차렸었느냐? 멀리 떨어진 바다 밖에서 아득히 심회만 읊조리고 있으니, 더욱 다른 때와 비교할 수가 없구나.

깜박이는 등불과 해묵은 책들이 공부를 거둘 수 없게 한다. 늙은이는 잠이 없는지라 늘 너희들만 생각하는데, 글 읽는 소리가 황홀하게 귓가를 들리는 것 같구나. 이 마음의 고통스러움과는 상관없이, 나는 예처럼 글을 읊으며 지낸다. 위가 끝내 깨끗하게 트이지 않고 눈병이 더 심해지니 걱정이다. 상무는 아직 별고 없다.

여기 이 시형이란 사람은 나이가 젊고 재주가 뛰어난데, 결단코 이 학문을 하고자 하니, 그 뜻이 자못 예리하여 막을 수 없이 올려 보낸다. 함께 공부해 보도록 하여라. 비록 견문은 넓지 않다 하더라도, 갈고 닦게 한다면 족히 이 곳의 책을 읽지 않는 사람들에게서는 뛰어난 인물이 될 수 있는 것이다. 그는 배를 타고 가야 하므로 좀 늦을 것 같다. 이만 줄인다.

월 일

아비 씀

〈김 정희의 편지〉

일기는 하루의 생활을 치른 자신을 돌아보며 쓰는 한 사람의 생활 기록이다. 따라서, 일기는 조금의 거짓도 없이 자기 자신에게 고백하듯 써야 한다. 일기는 쓰는 사람의 인생 기록이요, 인격 수양, 사고력, 문장력을 도우며 글씨쓰기의 연습도 된다.

일기의 내용과 형식은 자유로우며 주의점은 다음과 같다.

- 1인칭은 생략한다.
- 날짜, 요일, 날씨를 쓴다.
- 하루의 일 중에서 인상적이거나 중요한 것 또는 반성할 점 등을 쓴다.
- 내일의 예정이나 계획을 써도 무방하다.

2월 12일

태양이 빛나고 푸른 하늘 아래로 산들바람이 불어오고 있다. 나는 또 무엇인가를 동경하고 있다. 이야기가 하고 싶고, 친구가 그리워진다. 그리고, 실컷 울어 봤으면 좋겠다. 금시 울음이 터질 것만 같다. 한바탕 울고 나면 속이 후련할 것만 같다. 자꾸 마음이 초조해져서 방을 거닐어도 보았고, 갇혀 있는 문틈에다 코를 대고 호흡도 해 보았다.

봄이 분명히 찾아왔는가 보다. 내 마음에서 봄을 느낄 수 있다. 나는 그 전처럼 예사롭게 행동할 수가 없다. 내 마음은 자꾸 산란해진다. 무엇을 읽고 무엇을 써야 할지 도무지 알 수가 없다. 그저 무엇이라도 하고 싶다는 간절한 마음 뿐이다.

〈「안네의 일기」에서〉

청 구 서

일금 五萬 원정

(50,000원정)

위의 금액을 도서 대금으로 청구하오니 선처 바랍니다.

년 월 일

송원문화사

한림서점 귀하

영 수 증

일금 五萬 원정

(50,000원정)

위의 금액을 도서대금으로 정히 영수함.

년 월 일

송원문화사

한림서점 귀하

주 문 서

사업의 번창을 바라오며, 귀사의 "한글 펜글씨 교본" 500부를 조속히 보내주시면 고맙겠습니다. 대금은 소액환으로 보냅니다.

년 월 일

진 명 서 림

송원문화사 귀하

차 용 증

일금 壹拾萬원정

(100,000원정)

위의 금액을 19 년 월 일까지 틀림없이 갚기로 하고 이에 차용함.

년 월 일

광주 시 동구 충장로 100

한 상 우

김 호 성 귀하

출 장 계 영업부 김 주 호 본인은 다음과 같이 출장 예정이기에 제출하옵니다. 기 간 : 7월 20일～7월 21일 행선지 : 전라남북도 각 대리점 목 적 : 판매 촉진 년 월 일 위 김 주 호 (김주호) 문화전자 사장님 귀하	
	결석 신고서 제 3 학년 1 반 배 신 호 위의 학생은 심한 유행성 감기로 인하여 2일부터 부득이 결석 하오니 선처 바라며 병세가 회복되는 대로 조속히 등교토록 하겠습니다. 년 월 일 보호자 배 경 택 (배경택인) 담임선생님 귀하

인쇄 또는 출판할 문장은 아무 종이에나 함부로 써서는 안되고 반드시 원고 용지에 쓰되 남이 알아보기 쉽도록 바른 글씨로 명확하게 써야 한다. 또한, 자기만이 알아볼 수 있는 약자나 지나친 흘림체는 피해야 한다.

원고를 쓸 때 주의점은 다음과 같다.

- 제목은 둘째 줄의 가운데 쓰고, 이름은 세째 줄의 오른쪽에 쓴다.
- 한 간에 한 글자씩 쓴다.
- 띄어 쓸 때는 한 간을 비운다.
- 문단이 바뀔 때는 첫 글자를 한 자 낮추어 쓴다.
- 부호도 한 글자로 쳐서 한 간에 넣는다.
- 원고지의 매 장마다 순서대로 페이지 숫자를 적는다.
- 원고의 맨 끝에는 「끝」이라 표시한다.
- 잘못된 글자를 고칠 때에는 다음 페이지의 원고지 교정을 참고하기 바란다.

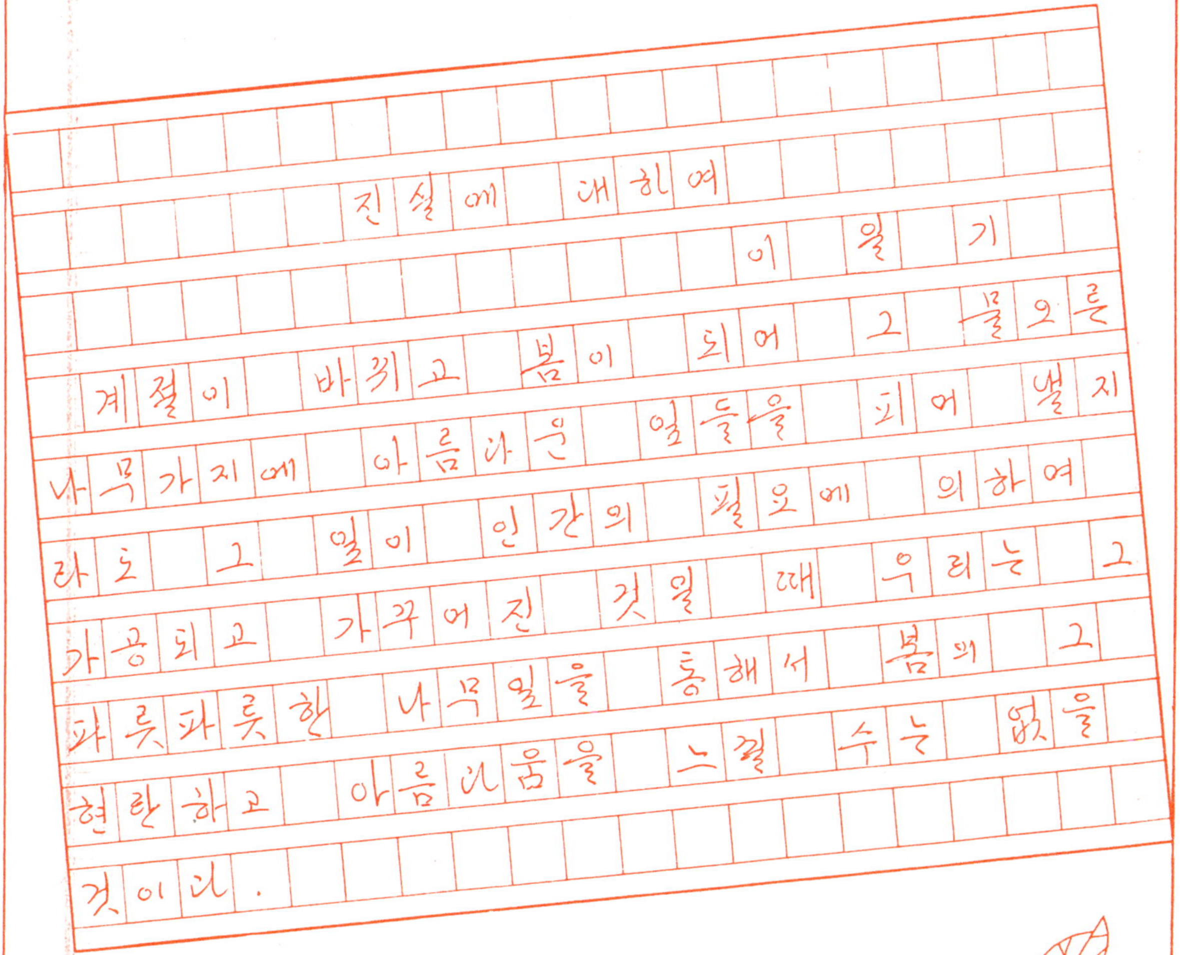
진실에 대하여
이 일 기
그 물오른
계절이 바뀌고 봄이 되어
나무가지에 아름다운 잎들을 피어 낼지
라도 그 잎이 인간의 필요에 의하여
가공되고 가꾸어진 것일 때 우리는 그
파릇파릇한 나무잎을 통해서 봄의 그
현란하고 아름다움을 느낄 수는 없을
것이다.

6 이력서(한글)

(인사서식제 1 호)

사 진	이 력 서			
	출신도명	경 기 도	성 명: 이 명 희	주민등록번호: 700215-202474
			생년월일 서기 1970 년 2 월 15 일생 (만 18 세)	
본 적	경기도 수원시 송원동 121 번지			
현 주 소	서울 특별시 성동구 행당동 79 번지			
호 적 관 계	호주와의관계	자 (장녀)	호주성명	이 유 진

년	월	일	학 력 및 경 력 사 항	발 령 청
1982	3	2	송원 중학교 입학	
1985	2	15	송원 중학교 졸업	
1985	3	2	초원 여자 상업 고등 학교 입학	
1988	2	13	초원 여자 상업 고등 학교 졸업 예정	
			특 기 사 항	
1986	10	15	주산 검정 1급 합격	상공회의소
1987	4	10	부기 검정 2급 합격	상공회의소
1987	5	20	영문 타자 검정 2급 합격	대한실업
			위와 같이 틀림없음	
			1988 년 1 월 15 일	
			이 명 희 (인)	

1. 통신문 작성 요령

통신문은 상업 문서의 주류로서, 이 중에는 직접 거래에 관련되어 발신되는 의뢰서, 조회장, 신청서, 주문장, 교섭장, 청구서, 독촉장 등이 있고, 또 거래에는 직접 관계가 없으나 사업 경영에 관련해서 발신되는 사교적인 서한문, 이를테면 인사장, 안내장, 초대장, 추천서, 감사장 등도 있다.

모든 통신문은 이쪽의 의사가 상대방에게 정확하게 전해져야 함은 물론, 상대에 대하여 실례가 되는 일이 없어야 한다.

따라서, 이해하기 쉽게 이쪽의 필요한 사항을 전달하고, 예의를 지켜 상대방에게 호감을 주도록 문서를 작성해야 한다.

통신문은 일반적으로 알리고자 하는 일을 먼저 쓴 다음에 보충 설명이나 참고 사항 등을 쓰는데, 그 요령은 아래와 같다.

(가) 필요한 내용만 정확하고 간결하게 쓴다.

(나) 너무 어렵거나 추상적인 말로 쓰지 않는다.

(다) 예고할 사항이나 참고할 사항은 아래에 덧붙여 쓴다.

(라) 특별한 사항은 항목별로 번호를 표시하여 명확하게 쓴다.

(마) 서류를 따로 보낼 때에는 글 끝에 서류명과 그 붓수를 쓴다.

(바) 문서 번호, 날짜, 발신자 이름, 수신자 이름은 정확히 쓴다.

(사) 보통 편지 형태로 쓰더라도 특별한 사항은 아래에 항목별로 번호를 붙여 쓰는 것이 좋다.

2. 통신문의 형식

서로 나누어 그 양식을 제시하고자 한다.

(1) 사교적인 통신문

사교적인 통신문의 기본 형태는 일반적으로 다음과 같다.

(가) **머리말**　머리말은 제목, 수신자의 이름의 두 가지로 구성된다. 제목은 통신문 전체의 용건을 요약한 표현이다.

(나) **본 문**　본문은 전문, 주문, 끝맺음말의 세 가지로 구성된다. 전문은 머리말이라고 하며, 간단한 인사 문구를 말한다. 주문은 문서 전체의 중심이 되는 가장 중요한 부분이며, 끝맺음말은 간단한 끝인사를 말한다.

(가) **부 기**　부기는 본문을 보충하기 위하여 덧붙이는 사항이다. 이에는 덧붙임말, 첨부 서류 등이 기재된다. 그리고, 발신 날짜, 발신자 이름은 맨 아래에 기입한다.

선생님께 드리옵니다

싱그러운 푸르름 속에, 다시 스승의 날을 맞아, 선생님의 존체 금안하시고 고당의 화목하심을 삼가 축원하옵니다.

교육의 현장 문제에서, 스승의 길이 높고 넓으며, 멀고 깊은 인격적 감화와 지도력으로 주어지는 신뢰성에 더한다는 것을 깨달을 때, 새삼스레 선생님의 크신 발자취를 우러를 뿐이오며, 소생이 그 자국을 따라 올바른 스승의 길을 걷지 못함이 많음을 늘 부끄럽게 느끼면서 복죄하옵니다.

변화가 급격한 시대와 사회에서, 변화와 불변의 이치를 가려 지조를 지키면서 가르치고, 참답게 미래 사회를 넘어다보면서 준비를 하시게 하여 주다는 교육이

소생은 그 방법을 잘 알지 못하오니, 오히려 선생님의 옛 풍도를 우러를 따름이옵니다.

더구나, 어린 나이에 중책을 맡아서 그동안 이뤄 놓은 일이 없이 허송 세월한 것도 민망하옵고, 소생에게 큰 기대로 격려하여 주신 은혜를 생각하오면 죄송천만이옵니다.

날이 가고 해가 바뀔수록 선생님의 뜻은 높기만 합니다. 부디 옥체 강녕하시고 댁내 편안하시기를 기원합니다.

×× 년 5 월 12 일

스승의 날을 앞에 하옵고

제자 드림

희망에 찬 새봄을 맞이하여 삼가 귀사의 발전을 앙축합니다.

이번에 제가 다음 장소에서 새로운 기계를 도입하여 인쇄소를 개업하게 되었습니다. 이는 오로지 여러분의 끊임없는 지원과 성원의 덕택이라 생각하고 진심으로 감사를 드립니다. 앞으로, 어느 회사보다도 좋은 제품을 기일을 어기지 않고 납품하도록 성의를 다하겠사오니, 많은 일감을 보내 주시기 바랍니다.

마땅히 찾아뵙고 인사를 올림이 도리인 줄 아오나 우선 지면을 빌어 인사에 대신합니다.

개업 장소 : 서울 특별시 마포구 상수동 151 번지

전화 732 - 0183

×× 년 3 월 1 일

제명 인쇄소

초 청 장

신록이 짙어 가는 계절에 삼가 귀하의 건승과 귀사의 발전을 앙축합니다.

이번 저희 회사에서는 지난 1987년 10월에 착공하여, 그 동안 건설해 오던 인천 제2공장이 완공되었으므로, 아래와 같이 그 준공식과 아울러 축하회를 거행하고자 합니다. 이는 오로지 귀하께서 평소 저희 회사를 아껴 주신 덕택이라고 생각됩니다.

바쁘시더라도 부디 오셔서 저희들을 격려해 주시기 바랍니다.

일시 : 1988년 6월 10일 11시

장소 : 인천 직할시 남구 용현동 1번지 공장

. 년 6월 1일

대동 철강 주식 회사

창립 총회 소집 통지서

새봄을 맞이하여 삼가 존체 금안하심을 앙축합니다.

1988년 3월 20일 오전 10시부터 서울 특별시 중구 명동 105번지 본사 창립 사무소에서 창립 총회를 열고자 하오니 부디 참석하여 주시기 바랍니다.

당일 출석하지 못할 경우에는 동봉한 위임장에 서명 날인하여 본 총회에 보내 주시기 바랍니다.

회의 안건

1. 발기인의 창립 경위 보고
2. 이사 및 감사의 선임
3. 정관의 승인

년 3월 10일

시하 개발 주식 회사

주주 각위

제20기 정기 주주 총회 소집 통지서

새봄을 맞이하여 존체 금안하심을 앙축합니다.

금번 당사 정관 제15조에 의거하여 제20기 정기 주주 총회를 아래와 같이 소집하오니 참석하여 주시기 바랍니다.

1. 일 시 : xx년 x월 x일 오전10시
2. 장 소 : 서울 특별시 중구 소공동(본사 회의실)
3. 회의 안건

제1호 의안 : 제20기 영업 보고서, 대차 대조표 및 손익 계산서 승인의 건

제2호 의안 : 이익 잉여금 처분안 승인의 건

제3호 의안 : 정관 일부 변경의 건

제4호 의안 : 이사 및 감사 선임의 건

송부하는 참석장에 기명 날인하여

접수처에 제출하여 주시고, 만일

출석하시지 못할 경우에는 위임장에

기명 날인하여 당사 총무과로 송부

하여 주시기 바랍니다.

××년 ×월 ×일

서울 특별시 중구 소공동 28

대동 철강 주식 회사

대표 이사 유 창

주식 회사 한별 섬유

한별 제 401호 19xx. 10. 25.

수신 초원 상업 고등 학교장

제목 신입 사원 추천 의뢰

삼가 귀하의 건승과 귀교의 무궁한 발전을 경축합니다.

금번 폐사에서는 사업을 확장하여 다수의 유능한 인재를 구하고 있습니다. 귀교의 금년도 졸업 예정자로서 학업 성적이 우수하고 품행이 단정한 입사 희망자 1명을 선발하여 오는 11월 15일까지 추천하여 주시면 감사하겠습니다.

첨부 신입 사원 모집 요강 1부 끝.

서울 특별시 영등포구 대림동 23

주식 회사 한별 섬유

※ 굵은선 안에만 기입하여 주십시오.

번호표#

계좌번호	22145 - 85019365	0476
금 사만오천원정 (₩45,000)		
위의 금액을 지급하여 주십시오. 19xx 년 10월 6일		
예금주	성명 또는 싸인 조 휘 명 (조휘명)	인감

검 인	대조인	지급인	감사인

대 체 과 목
·본지점·보통·저축·자유저축·당좌·가계종합

일부수입					
현금교부					

계좌번호	책임자	조작자	수기·소급	마감후	정정	처리시각 및 번호	단말기및전표번호

(예484) (148×101) (모조70g/m²) (83. 12제정)

서울 은행

무통장입금의뢰서

※ 굵은 선 안에만 기입하여 주십시오.

예금주 (받는분)	최 철 영	계좌번호	22104 - 37016492
입금총액	일백칠십구만오천원정 (₩1,795,000)		

입금내역	통화		의뢰인	성명	오 동 수
	자기앞	○		전화#	366-7043
	가계수표	○		코드	
	기타타점				

검 인	수납인	감사인

대 체 과 목
본지점 · 보통 · 자유저축 · 저축 · 가계종합

위와 같이 입금하여 주십시오.
19xx 년 9 월 3 일

입금내역	
통화	
자기앞	
가계수표	
기타타점	

적요	조작일		송금수수료	원

계좌번호	책임자	조작자	수기·소급 마감후	정정	처리시각및번호	단말기및전표번호

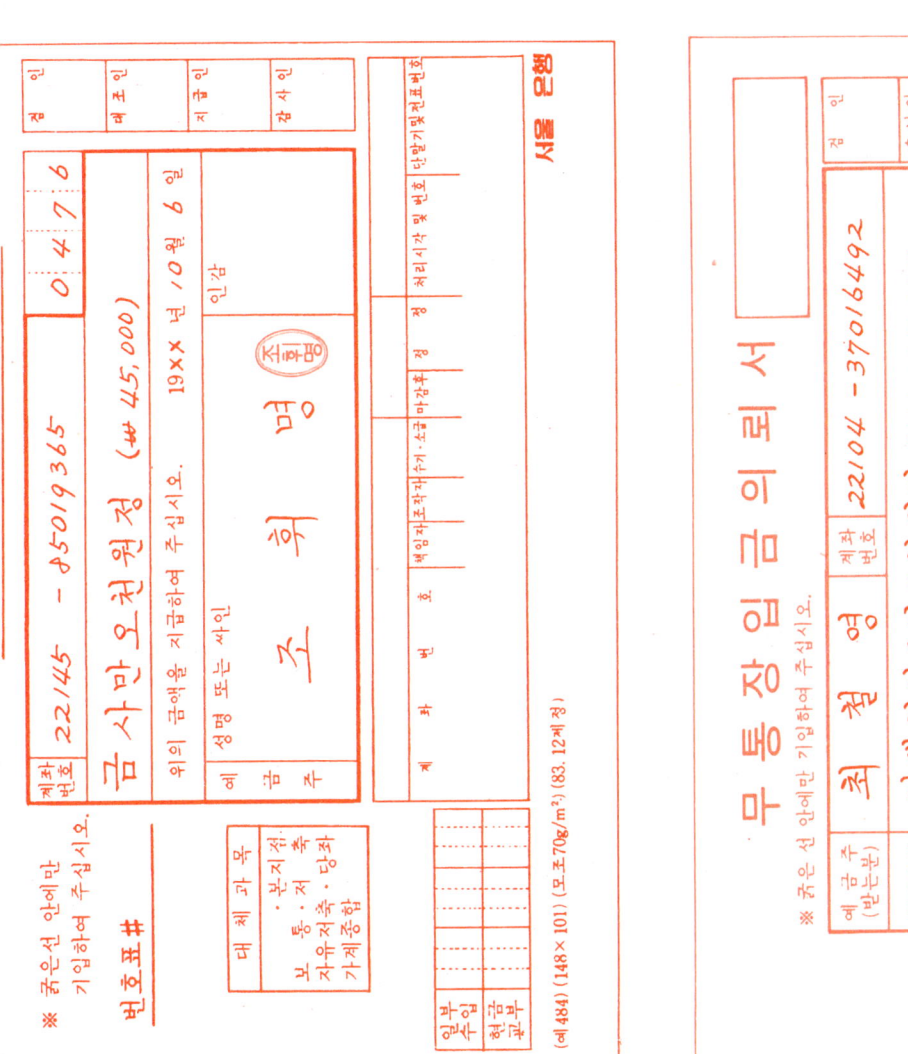

약속어음

251310900 0574

아03609498

귀하

금삼백칠십팔만원정 ₩3,780,000

위의 금액을 귀하 또는 귀하의 지시인에게 이 약속어음과 상환하여 지급하겠읍니다.

지급기일 1988년 12월 15일

지급지 서울특별시

지급장소 주식회사 서울 은행 乙支路4街支店

발행일 1988년 9월 15일

발행지 서울특별시

주소 서울특별시 강남구 청담동 45

발행인 김 동 준

03609498 25 1312:00 0003 06

9498

9월 15일

12월 15일

0000

수

대금

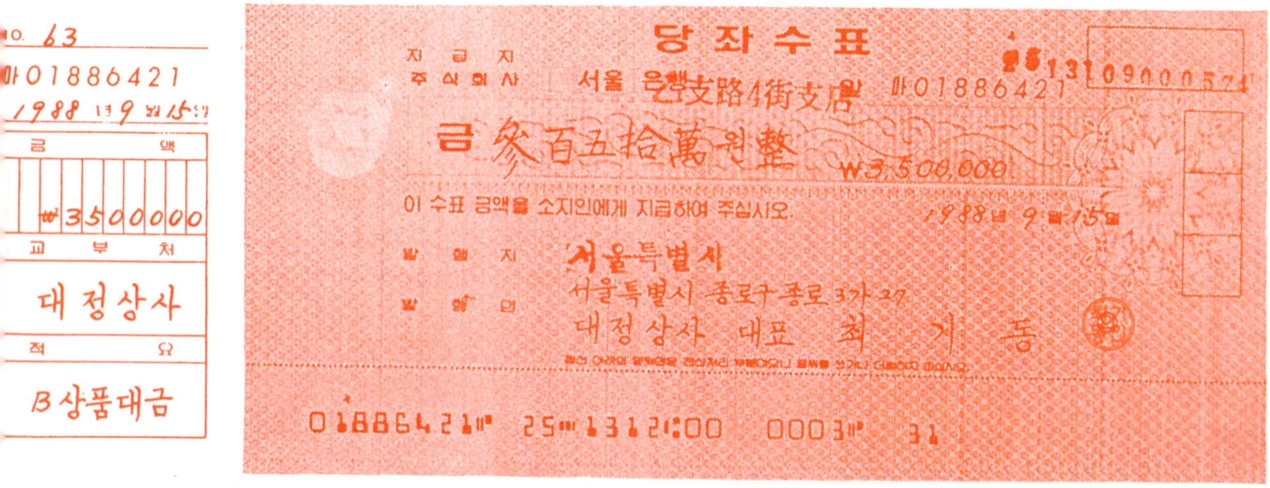

당좌수표

No. 63

아01886421

1988년 9월 15일

₩3500000

교부처 대정상사

적요 B상품대금

지급지 주식회사 서울 은행 乙支路4街支店

251310900 0574

아01886421

금 參百五拾萬원整 ₩3,500,000

이 수표 금액을 소지인에게 지급하여 주십시오.

1988년 9월 15일

발행지 서울특별시

발행인 서울특별시 종로구 종로 3가 27 대정상사 대표 최 기 동

01886421 25 1312:00 0003 31

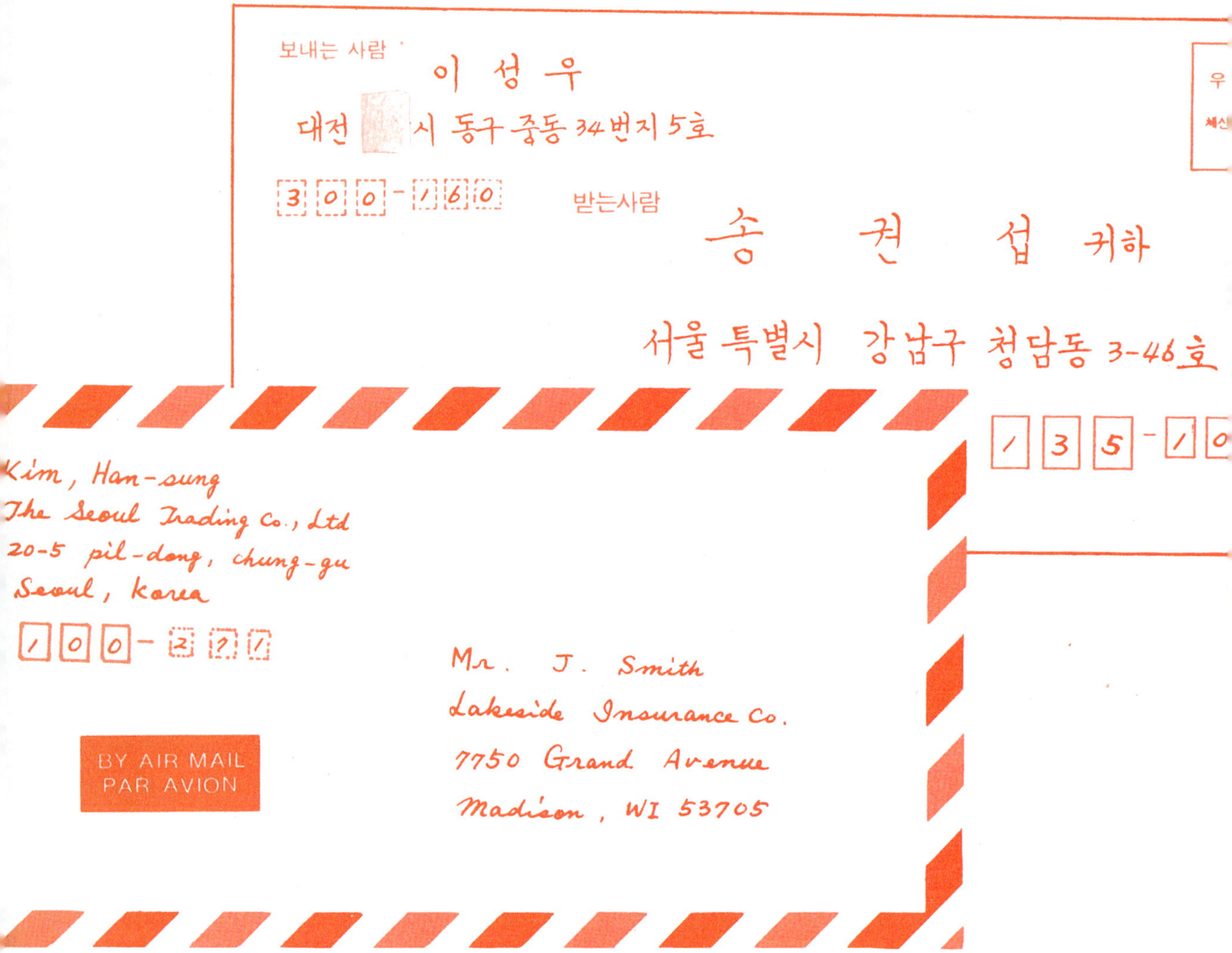
보내는 사람
이 성 우
대전 시 동구 중동 34번지 5호
3 0 0 - 1 6 0
받는사람
송 권 섭 귀하
서울 특별시 강남구 청담동 3-46호
1 3 5 - 1 0
Kim, Han-sung
The Seoul Trading Co., Ltd
20-5 pil-dong, chung-gu
Seoul, Korea
1 0 0 - 2 7 1
BY AIR MAIL
PAR AVION
Mr. J. Smith
Lakeside Insurance Co.
7750 Grand Avenue
Madison, WI 53705

우 편 엽 서

보내는 사람 송 성 우

서울 특별시 성동구 행당동 79-1

133-070

받는 사람 이 성 우 사장님

대전 시 동구 중동 34 번지 5호

건강 운동구 상사

300-160

매월 말일은 편지 쓰는 날입니다.

송신 통과 번호

전 보 발 신 지

접수 월 일

착신국	종류	자수	발신국	번호	접수 시각

※ 받는 사람 주소 성명	부산 시 영도구 대교로 3-75 영 도 물 산 이 상 길	특기 사항 지 급
지정	국내 기사	

※ 통	9	월	6	일	계	약	급	상	경	요
	망	1	부	국						
신										
문										

기 재 요 령

1. ※표란만 써 주십시오
2. 한글로 써 주십시오
3. 주소 성명은 번지, 통, 반까지 상세히 써 주십시오
4. 받는사람에게 귀하의 주소 성명을 알리고자 할때는 통신문란에 써 주십시오

요금	당무자	검사자
송신시각	송신기	대조자

※ 보내는 사람 주소 성명 서울 특별시 중구 명동 1-35 전화 732 국 1100 번